웃음이
멀려가 봤자

La collec' des filles
Illustrations
d'Annabelle Mège

Recherche toi désespérément

Sophie Rigal-Goulard

Editions Lito

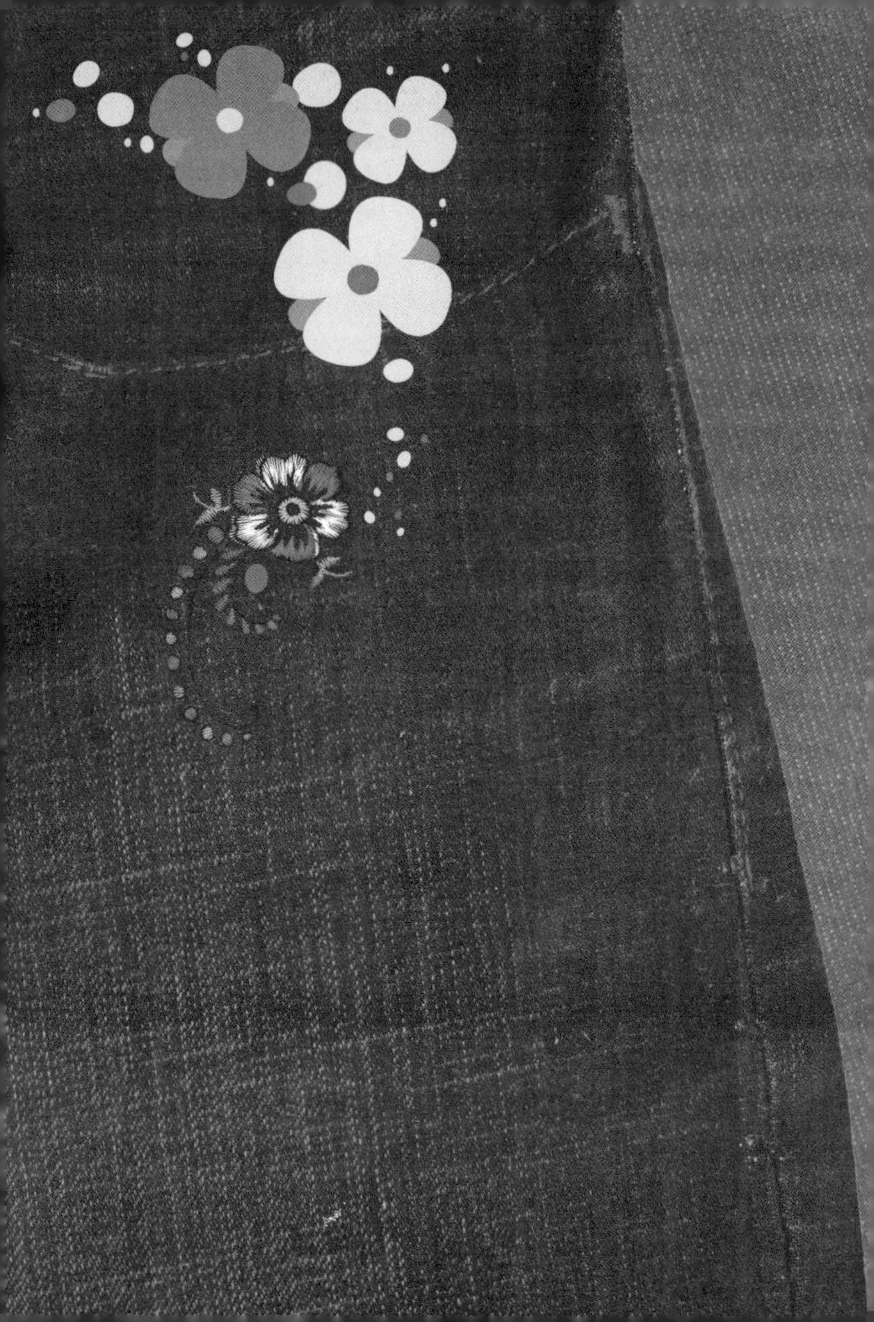

Le placard d'
Apolline

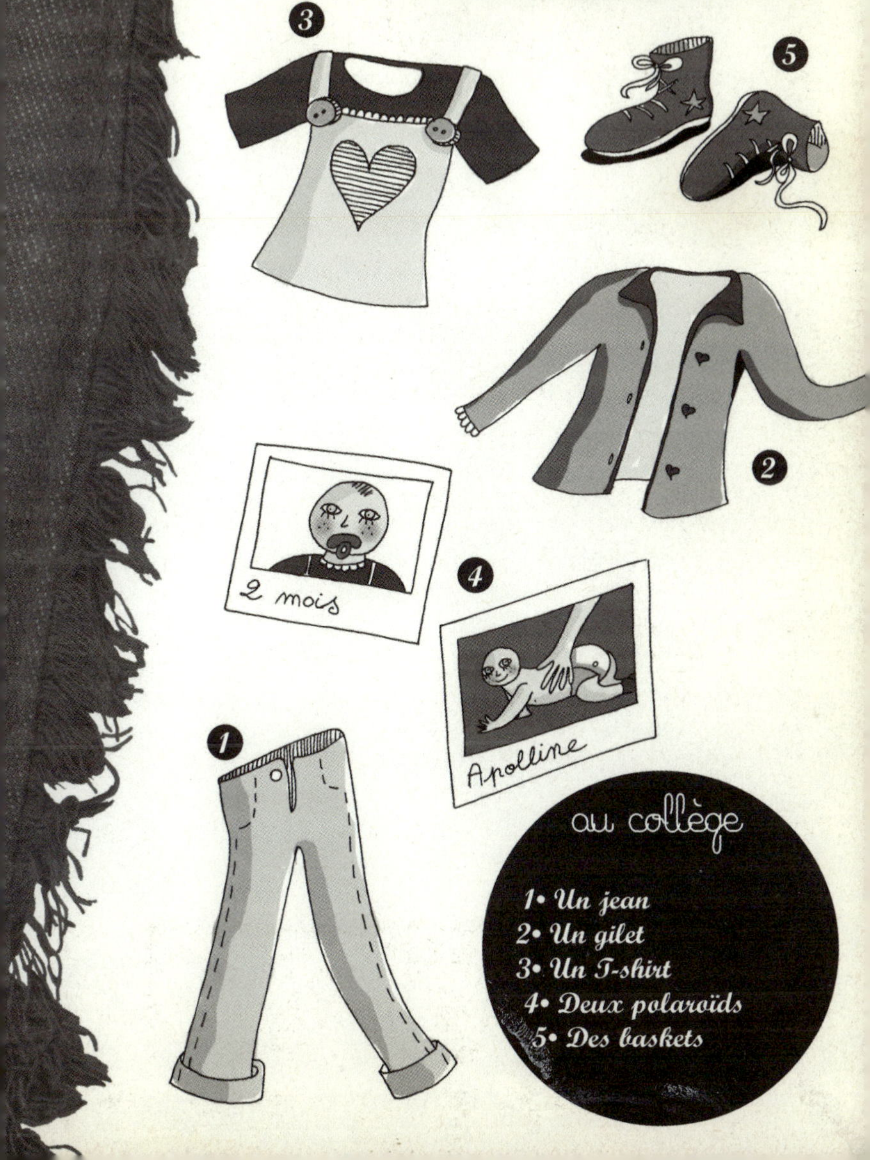

au collège

1• Un jean
2• Un gilet
3• Un T-shirt
4• Deux polaroïds
5• Des baskets

Chapitre 1
Apolline

J'ai jeté un méchant froid ce soir pendant le repas. Papa en a lâché sa fourchette. Il faut dire que j'ai mis le paquet… J'aurais pu sauter au milieu des assiettes et marcher dans la purée, ça n'aurait pas été pire, je crois ! Mon père a posé la question qui tue…

– Alors les enfants, a-t-il demandé entre deux bouchées, quels sont vos souhaits en ce début d'année scolaire ?

Mes frères se sont mis à parler en même temps. Normal, ils ont toujours quelque chose à dire, et même quand ils disent n'importe quoi, on les prend au sérieux. Moi, je les ai laissé jacasser. J'avais déjà ma petite idée sur la question…

– J'aimerais d'abord avoir une mention à mon bac et ensuite, être intégré dans une classe préparatoire à H.E.C… a fini par annoncer Étienne, mon frère aîné.

– Avec ton excellente moyenne l'année dernière, je suis certain que tu y arriveras haut la main, a répondu papa en tapant sur l'épaule de son fifils chéri.

– Et moi, j'espère faire une excellente troisième pour être admis au lycée international l'année prochaine, a déclaré Gaël, mon frère cadet.

– Je ne me fais aucun souci pour toi mon grand, tu vas suivre les traces d'Étienne ! a renchéri mon père en donnant une accolade virile à son second fifils chéri.

Maman s'est alors tournée vers moi.

– Et toi ma fille, quels vœux formules-tu pour l'année à venir ?

J'ai fait semblant de réfléchir, mais je savais déjà ce que j'allais répondre… Toute ma famille me regardait. Pour une fois qu'on attendait que je parle !

– Cette année, je rêve de mettre une bombe dans le collège pour faire disparaître tous les profs. Mais attention hein : je ferai d'abord évacuer les élèves ! C'est ça mon plus grand souhait !

Personne n'a rien dit pendant au moins quatre secondes. Étienne s'est mis à rire le premier, et tout le monde a suivi. J'ai quand même lu un peu d'inquiétude dans les yeux de mes parents.

– Tu plaisantes, n'est-ce pas ? a dit ma mère en me regardant attentivement.

– Non. Papa me demande de faire un vœu, je m'exécute !

Mon père s'est arrêté de manger ; et pourtant, il adore la purée !

– On parle sérieusement ! a-t-il déclaré. Cesse donc tes enfantillages, tu n'as plus 4 ans !

– Justement, c'est bien ce que je regrette. Quand j'avais cet âge-là, on ne me cassait pas les pieds à l'école ! On ne me prenait pas la tête avec les fractions ou l'Égypte antique…

– Tu as un discours de petite fille, c'est ce que je disais, m'a répondu papa. « Patience et longueur de temps font mieux que force ni que rage. » Fais tienne cette maxime, et épargne-nous tes réactions puériles !

– C'est vrai ça ! s'est écrié Étienne en prenant

l'air important que lui confère son « grand âge »… Ce que tu peux être bébé parfois !

– Je suis bébé si je veux Monsieur le postadolescent qui se prend pour un adulte avec ses raisonnements !

C'est à ce moment précis que la discussion a pris une tournure fatidique. Étienne m'a insultée, Gaël a ricané bêtement. Maman a dû intervenir pour calmer les esprits.

J'ai fini par avouer que je plaisantais : il fallait bien rassurer la mother ! Pourtant, j'ai le sentiment qu'elle était encore inquiète à la fin du repas. Elle me jetait des regards en biais, et dès que je la regardais, elle me souriait.

Papa s'est remis à discuter avec ses fils comme d'habitude. Je me suis dépêchée de prendre un dessert pour pouvoir quitter au plus vite la cuisine.

Ma famille m'insupporte de plus en plus… J'ai d'ailleurs du mal à contenir ma colère quand je suis en leur présence. J'ai l'impression d'être une bouteille de gaz prête à exploser.

Il y a un méchant malaise dans ma vie qui a

commencé le jour même de ma naissance.

J'ai hérité du doux prénom de ma grand-mère : Apolline… Comment voulez-vous bien démarrer une existence avec un prénom à coucher dehors ? Les Apolline sont toutes mortes il y a trois cents ans ! Mes parents ont juste oublié qu'on est en plein vingt-et-unième siècle ! C'est à pleurer, mais ce n'est pas le pire finalement… Le plus horrible dans l'histoire de ma courte vie, c'est la terrible erreur génétique qui s'est abattue sur mes frêles épaules. Je suis née cancre dans une famille de génies. D'ailleurs, pourquoi faut-il dire un cancre à la place d'une cancre ? C'est vrai, quoi ! On peut lire tout le Larousse encyclopédique à la lettre C, on ne trouvera jamais de féminin pour ce mot. Et pourtant j'en suis une… ou un ? Je ne sais pas quoi dire finalement ! Disons, pour rétablir l'équilibre, que je suis une cancresse… Que dis-je ? Un puits, un trou béant, un gouffre sans fin de nullité !

C'est horrible d'être née dans une famille où le Q.I. moyen dépasse les 300. Il n'y a que des surdoués autour de moi : ils sont tous super intelligents, et je suis bête à manger du foin !

Un père haut fonctionnaire, une mère avocate : voilà un rapide aperçu de mes géniteurs. J'étais déjà plutôt mal barrée : cernée par leurs compétences, je me devais d'assurer ! Mais en plus, pour compléter le tableau, il y a mes deux frères : l'aîné a un an d'avance, et il s'ennuie grave en terminale… Le deuxième plafonnait à 18,7 de moyenne l'année dernière, en quatrième, et encore, c'est parce qu'il était nul en musique…

Moi, je repique ma sixième cette année… Et j'ai toujours autant de mal à comprendre à quoi servent les nombres décimaux !

Avec cette mauvaise donne dès le départ, il faut une bonne dose d'optimisme pour garder le moral ! Et je suis plutôt méchamment pessimiste par nature. Dans cette famille exemplaire, je ne peux pas suivre. Mon frère aîné marche sur les traces de mon père, le cadet sur celles de ma mère. Moi là-dedans, je suis au bord de l'autoroute, et je les regarde filer ! De toute façon, j'ai le sentiment que je ne les intéresse pas. Ils parlent souvent entre eux et si je veux me faire entendre, je dois jeter des bombes à table, comme ce soir…

Ma prof principale a convoqué mes parents

cette semaine. Je n'ai pas voulu assister à leur petite fête : j'aurais gâché l'ambiance. Cette grosse vache a dû s'éclater en calculant mes moyennes ! Remarque, comme je n'ai pas beaucoup de notes à deux chiffres, je lui ai facilité la tâche… Lorsque papa est rentré à la maison, il m'a regardée comme si j'étais une extraterrestre. Ensuite, il a sorti son grand discours de chef de cabinet : « La vie est un combat », « Rien n'est acquis, tout est à prendre », « Ne baisse jamais les bras », « La chance sourit aux audacieux », j'en passe et des meilleures. Je connais une grande partie des proverbes français : mon father me les serine depuis que je suis rentrée au collège. Si des maximes pouvaient me faire comprendre les maths et le français, j'en écouterais en boucle sur mon lecteur MP3 ! Mais les belles phrases de papa ne m'ont jamais aidée. Pas plus que les cours particuliers qu'il me fait donner deux fois par semaine. « Quand on est nulle, c'est pour la vie ! » En voilà un proverbe plein de bon sens…

J'ai de plus en plus souvent envie de rembobiner l'histoire de ma vie. Je rêve d'avoir trois ans, de me blottir dans les bras de maman et d'oublier que je suis le vilain petit canard.

La seule tache de la famille qui ne part pas au lavage.

Celle qui parle pour ne rien dire, pour qu'on la remarque un peu.

Celle qui attend de devenir un joli cygne blanc qui s'envolera vers la réussite sous les applaudissements…

Tu parles d'un cygne blanc !

Je déteste les contes de fées.

Chapitre 2
Clémence

Je vais encore passer une journée d'enfer ! Apolline tire une tête de vingt mètres de long depuis deux heures déjà. Je sais ce que ça veut dire… Elle a dû se disputer avec son père, sa mère ou l'un de ses frères. Elle est capable de faire la tronche une bonne partie de la matinée ! Quand elle se décidera enfin à me confier ses malheurs, on ne pourra plus l'arrêter. En cours, elle continue même sur des bouts de papier : j'ai déjà quatre mots dans mon carnet de correspondance à cause de nos petits échanges.

C'est fou quand même… Je connais Apolline depuis presque huit ans : c'est ma meilleure amie. J'ai passé des journées entières chez elle mais je n'arrive toujours pas à comprendre sa famille ! J'ai parfois l'impression que ma copine est une extraterrestre parmi les siens… D'ailleurs, je ne suis jamais vraiment à l'aise lorsque je me retrouve en face de ses parents ou de ses frères. Son père est « chef de cabinet », et bien que cette expression fasse beaucoup rire ma petite sœur, le monsieur en question n'a rien d'amusant. Il parle peu, et quand il prend la parole, je ne comprends pas tout. La mère d'Apolline est une super avocate qui n'est jamais chez elle. Lorsqu'elle est là, elle croule sous les dossiers, et elle consacre très peu de temps à sa famille. Quant à ses frères, ce sont deux génies qui comprennent les exercices avant même de les avoir lus !

Et au milieu de tout ce petit monde, il y a ma copine préférée qui ne supporte pas le fait de redoubler sa sixième cette année… J'ai moi aussi « gagné une partie gratuite », comme elle, et du coup, nous sommes restées dans la même classe toutes les deux. Redoubler est moins douloureux quand on reste avec sa meilleure amie, il me semble ! Mais Apolline n'a pas aussi bien réagi que moi. Quand on fait partie d'une famille aussi « prestigieuse » (comme le dit ma mère) que la sienne, on n'a pas le droit à l'erreur... Ou alors, on se sent très mal !

– Tu ne m'écoutes pas ! me dit Apolline pour la cinquantième fois en marchant à toute vitesse dans les couloirs du collège. Je vois bien que tu penses à autre chose !

– Mais non... Tu sais très bien que je te comprends, et que je te plains... Mais arrête de parler de ce qui te fait mal ! T'es soûlante à la fin...

Je suis obligée de la secouer de temps en temps. Apolline ne va vraiment pas bien depuis la rentrée. Elle a l'air triste, et mes bêtises ne l'amusent plus. Pourtant, je suis en pleine forme de ce côté-là... J'ai encore réussi à déclencher l'alerte incendie pendant l'intercours. C'est la deuxième fois cette année, je suis une championne !

– Il faut absolument que ça change, continue ma copine. Je vais finir le trimestre avec 20,8 de moyenne, et tu vas voir...

Je ne l'écoute plus cette fois-ci : je viens de remarquer un élève que je n'avais jamais vu. Nos deux regards se sont croisés dans le couloir et ça m'a fait quelque chose ! Je me retourne mais le garçon a déjà disparu.

– Voilà ! s'écrie Apolline. Je te parle de choses importantes, et toi, tu fais le phare sur la mer déchaînée ! Éteins tes lumières, il est parti…

– Tu l'as vu toi aussi ? dis-je en arrivant devant la salle de classe. Il est plutôt mignon, non ? J'aimerais bien savoir dans quelle clas…

Je m'arrête immédiatement de parler et je me mets à rougir comme une tomate. Le garçon en question vient se placer dans notre rang, comme s'il avait toujours été dans notre sixième. Apolline glousse et je lui donne des coups de coude pour qu'elle cesse. Elle se retourne alors sans aucune discrétion pour observer le nouveau. Celui-ci fixe le bout de ses chaussures et il ne nous prête aucune attention. En classe, la prof principale appelle le nouveau au tableau pour nous le présenter. Il s'appelle Guillaume, il fait une deuxième sixième lui aussi, et il est… beau, beau, beau… Je ne me gêne pas pour le dévisager alors qu'il se dandine, l'air gêné, devant nous. Ses longs cheveux bruns et bouclés accentuent l'éclat de ses yeux bleus ! C'est drôle d'ailleurs, Apolline a les mêmes yeux et les mêmes cheveux que lui ! Il porte un jean troué et un vieux sweat délavé :

j'adore son look négligé. Guillaume finit par se rasseoir et il plonge ses yeux vers le sol. Je crois que je viens d'être frappée par le coup de foudre. Apolline me passe un petit mot que je ne déplie même pas : elle va être furieuse. Je préfère me mettre à rêver… J'imagine déjà comment je vais pouvoir engager la conversation avec mon futur mari…

– Ouvre le papier, me chuchote ma copine avec insistance, c'est important.

J'étais aux bras de Guillaume en train de monter les marches de l'église dans une belle robe blanche, et le retour à la réalité est douloureux. Je finis par lire le message :

« Tu as vu que j'ai exactement les mêmes yeux et les mêmes cheveux que le nouveau ? C'est marrant non ? En plus, j'ai l'impression de le connaître…»

Je déchire le papier en haussant les épaules. Apolline est vexée, je le vois bien, mais tant pis ! Je n'ai pas envie qu'elle s'intéresse à Guillaume. Je l'ai vu la première après tout !

– Si je t'ennuie, dis-le tout de suite, j'irai me trouver une nouvelle meilleure amie, s'exclame

Apolline alors que nous sortons de cours. Je t'envoie un message hyper important, et toi tu le déchires !

Je hausse les épaules en regardant s'éloigner Guillaume.

– J'essayais d'écouter la prof de français, et toi, pendant ce temps, tu dévores le nouveau des yeux !

– Je ne le « dévore » pas des yeux, je le regarde parce qu'il me fait une drôle d'impression !

– Et alors ? Qu'est-ce que je suis censée dire ?

– Rien, conclut ma copine en prenant un air mystérieux. Fais ce que tu veux, mais moi, j'ai une enquête à faire…

Je la déteste quand elle se met à me faire des cachotteries. Il me vient des envies de l'étrangler avec sa queue-de-cheval.

– Viens, me dit-elle, on va voir si le nouveau mange à la cantine… C'est l'heure du premier service !

Je la suis d'un pas lourd en ruminant ma colère. J'adore Apolline. Je suis prête à faire des milliards de choses pour elle. Mais pour la première fois de ma vie, je n'ai pas envie qu'elle ait la même idée que moi. Oui, je veux faire la connaissance de Guillaume. Non, je ne veux pas qu'elle soit là.

– Il est devant le réfectoire, chuchote soudain ma copine. Si on court, on peut être à côté de lui dans le rang !

Je démarre comme une fusée. J'arrive tout essoufflée devant le nouveau qui continue à fixer ses chaussures. Il doit avoir un problème au cou pour autant baisser la tête…

– Salut, dit Apolline qui me rejoint enfin. C'est pas trop dur d'arriver dans une classe au bout d'un mois de cours ?

– Non, répond Guillaume en levant les yeux une demi-seconde.

– Si tu veux, on peut te faire visiter le collège, continue ma copine sans se démonter. Clémence et moi, on le connaît comme notre poche !

– Oui, on redouble toutes les deux, comme toi !

Ma phrase est idiote et j'ai envie de me gifler. Et si Guillaume était comme Apolline ? Il déteste peut-être qu'on lui parle de ses échecs…

– Non, c'est pas la peine, répond le nouveau en me regardant. J'ai déjà fait un tour dans les couloirs ce matin avec mon éducateur. Merci quand même !

Et là, le miracle se produit. Guillaume me fait un grand sourire.

Je sais déjà ce que je raconterai à mes petits-enfants dans 70 ans… « Je suis tombée folle amoureuse de votre grand-père le 12 octobre 2007 à midi lorsqu'il m'a souri devant la porte de la cantine… »

– C'est quoi un éducateur ? demande alors Apolline qui casse l'ambiance de ce moment magique avec sa question indiscrète…

Je lui fais des gros yeux, mais le nouveau n'a pas le temps de nous répondre. La porte de la cantine s'ouvre et tous les gros bœufs de troisième nous poussent comme des fous. Apolline me tient la main, mais le flot nous entraîne loin de Guillaume…

Je déteste les troisièmes !

Chapitre 3
Apolline

– *You must study this evening, you have to learn your mathematical lesson for tomorrow. Your teacher is waiting for you in your room…*

C'est avec ces mots que mon imbécile de frère m'a accueillie ce soir. J'avais oublié qu'on était jeudi aujourd'hui… En deux secondes, je réalise tout ce qui m'attend :

1. J'ai un cours de maths particulier qui va durer une bonne heure et demie.

2. Mes parents ne seront pas rentrés avant 22 heures comme tous les jeudis soirs.

3. Je vais devoir faire le repas pour mes deux frères qui n'ont jamais le temps.

4. Gaël ne va parler qu'anglais parce qu'il a

décrété que le jeudi était son « English day ».

5. Je ne vais rien comprendre à ce qu'il me raconte et ça va me mettre de mauvaise humeur.

Le prof de maths patiente dans ma chambre en faisant les cent pas. Je l'entends. J'ai envie de le faire attendre une heure de plus. Peut-être finira-t-il par partir si je me cache dans l'appartement... J'ai passé six heures à m'ennuyer au collège. Je refuse de consacrer cinq minutes de plus à un quelconque sujet scolaire !

– *Hurry up please !* me hurle Gaël depuis sa chambre. *Your teacher...*

Je n'écoute pas la fin de sa phrase. Je claque la porte de l'appartement et je descends les escaliers en courant. Tant pis, j'inventerai un mensonge en rentrant.

Je me mets à courir le long de l'avenue. Il pleut un peu, je me sens bien. Je passe devant la maison de Clémence mais je ne m'arrête pas. J'ai besoin d'être seule ce soir. En plus, je sais que si je m'arrête chez ma copine, elle va me bassiner les oreilles avec « le nouveau » !

Ce qu'elle peut être lourde parfois ! C'est ma meilleure amie pour la vie, mais côté discrétion, on peut faire mieux ! Ça se voit comme le nez au milieu de la figure qu'elle est amoureuse de Guillaume… Depuis quinze jours, elle cherche à se mettre à côté de lui en cours, elle lui sourit pour un rien, elle rentre même à pied pour pouvoir faire le trajet à ses côtés. On aura tout vu : Clémence a toujours détesté marcher, et aujourd'hui, elle en redemande pour les beaux yeux du nouveau !

Je dois quand même avouer que ce garçon me trouble. Depuis qu'il est arrivé dans notre classe, j'ai encore plus de mal que d'habitude à me concentrer. Je ne peux pas en parler à Clémence, elle est capable d'imaginer que je suis amoureuse moi aussi. Je sais pourtant que Guillaume ne m'attire pas pour les mêmes raisons qu'elle. J'ai vraiment le sentiment de le connaître alors que je ne l'ai jamais vu ! J'ai réussi à mener ma petite enquête ces deux dernières semaines. Je pensais que j'avais pu croiser Guillaume pendant mon enfance. Or, il n'a pas pu être en crèche ou à l'école primaire avec moi : il n'habitait pas à Paris à l'époque. Il vivait en banlieue, dans un autre foyer. Le nouveau a d'ailleurs une vie bien différente de la mienne. Ses parents n'ont jamais pu s'occuper correctement de lui. Quand il était encore bébé, il a été placé dans un établissement de la DDAS. Il a vécu là-bas pendant des années, avec d'autres enfants qui étaient dans la même situation que lui. Ce sont des éducateurs qui se chargent de les aider à grandir… Cette année, Guillaume a dû intégrer un nouveau foyer d'accueil, à Paris, parce que l'ancien est en cours de rénovation. C'est pour cette raison qu'il est scolarisé dans mon collège qui se trouve tout près de l'endroit où il vit…

Le nouveau est un peu seul depuis son arrivée au bahut. Clémence et moi, on lui tient compagnie. Et j'arrive plutôt bien à le faire parler. Je n'ai pas réussi à lui avouer cette impression de déjà-vu qu'il m'inspire. Je continue à chercher, je suis sûre que je vais bien finir par trouver pourquoi j'ai le sentiment de connaître ce garçon. Peut-être est-ce tout simplement à cause de son regard… Il a exactement les mêmes yeux que moi. Clémence l'a remarqué elle aussi d'ailleurs. En plus, Guillaume et moi, nous avons une foule de points communs. Il est gaucher, comme moi. Il déteste le chou-fleur et les betteraves, comme moi. Il a une fossette sur la joue droite quand il rigole, comme moi. Et surtout, surtout, il est nul à l'école, comme moi. C'est cette foule de petits détails qui me pousse irrésistiblement à en savoir plus sur le nouveau. Et pourtant, je ne me sens pas amoureuse… J'ai juste envie de savoir pourquoi il m'est déjà si familier. Mais je suis bien incapable d'expliquer ça à Clémence ! Du coup, lorsque je bavarde trop longtemps avec Guillaume, ça l'énerve.

Mon portable sonne et me ramène à la dure réalité. Mon frère hurle en anglais dans le combiné et j'ai presque envie de balancer mon téléphone dans la poubelle d'à côté. Je me contente de lui répondre :

– *Shut up !*

Voilà au moins un mot anglais que je maîtrise… Après, je pique un sprint jusqu'à chez moi. J'ai le temps de broder le joli mensonge du livre oublié au collège et je me retrouve face à un prof furibard et à un frère déchaîné ! Le cours ne dure que 30 minutes du coup. J'ai bien envie de refaire la même chose la semaine prochaine. Mais lorsque Étienne rentre, je me prends un savon…

– Inconséquente ! Voilà ce que tu es ! s'écrie-t-il. Papa te paye des leçons de maths chaque semaine et toi, tu te permets d'aller te balader comme bon te semble ?

Je le hais, je le hais. J'ai envie de hurler mais je me mords les lèvres.

– T'es pas mon père, lui dis-je en essayant de garder mon calme. Arrête de te prendre pour…

– Je suis ton frère aîné, et j'ai six ans de plus que toi ! Ça me donne quelques prérogatives sur toi ! hurle-t-il à présent. Je vois bien ce que tu es en train de devenir ! Tu ne fous rien en classe et tu repiques ta sixième ! Bon sang ! Bouge-toi un peu ! Tu nous fais honte parfois !

– Arrête Étienne, crie Gaël. Tu vas trop loin !

J'ai le temps de réaliser que mon frère cadet a oublié son « English day » pour prendre ma défense. Ensuite, mes yeux se mouillent sans que je ne puisse rien y faire. Je cours dans ma chambre pour ne pas offrir à Étienne le spectacle gratuit de ma peine. Je m'enferme à double tour. Je ne veux plus les voir. Je veux sortir de leur vie. J'ai enfin entendu ce dont j'étais sûre depuis si longtemps. Je fais honte à ma famille ! Je ne suis pas assez douée… Mes larmes coulent et je les essuie rageusement. Je ne devrais pas pleurer. Ils n'en valent pas la peine !

Ce soir, j'envie Guillaume. Il n'a pas la lourde charge de plaire aux autres. Il est peut-être seul, mais au moins, il est libre d'être comme il est ! Pas de frère qui lui rappelle combien il est important d'être à la hauteur ! À la hauteur de quoi ? Je dois monter sur quelle échelle pour être digne de porter mon nom de famille ?

Gaël tape à ma porte plusieurs fois. Je finis par lui ouvrir…

– *Don't be sad*, me dit-il en entrant dans la chambre.

Il arrête net sa phrase lorsque son regard croise le mien. Je ne supporte plus de l'entendre parler anglais.

– Bon ça va, continue-t-il. Arrête de pleurer, tu vas faire déborder la Seine… Viens manger un morceau plutôt. Je t'ai préparé une assiette !

Je ne réponds pas. Je ferme les yeux pour cacher la nouvelle vague de larmes qui frappe à mes paupières. J'ai peut-être un frère qui m'aime un peu…

Gaël n'insiste pas. Il referme délicatement la porte derrière lui.

La maison est calme à présent. J'entends mes parents rentrer. Les bruits d'une conversation parviennent jusqu'à ma chambre. Étienne parle de moi. Il a ce ton désapprobateur qui me fait si mal. Je me rue dans mon lit. Trois minutes après, maman vient me voir. Je fais semblant de dormir à poings fermés. Elle me laisse à mon sommeil.

En réalité, je sais que je ne vais pas pouvoir dormir.

Je déteste les jeudis !

Chapitre 4
Clémence

Apolline m'énerve de plus en plus ! J'ai bien vu son petit manège, je ne suis pas complètement aveugle ! Elle tourne autour de Guillaume. Et en plus, elle me ment !

– Je ne suis pas amoureuse de ce garçon, m'a-t-elle dit ce midi à la cantine alors que je l'interrogeais. Il m'intéresse, c'est tout.

– Il y a quatorze garçons dans la classe, et près de trois cents dans le collège, ai-je répliqué. Pourquoi est-ce que tu t'intéresses spécialement à Guillaume ?

Apolline a haussé les épaules avant de me dire :

– Mets-lui une pancarte autour du cou à ton Guillaume. Dessus, tu écris au fluo :

« Interdit de parler à ce garçon, je l'aime d'un amour éternel et sans divorce… »

Je lui aurais bien renversé mon verre d'eau sur la tête. J'ai préféré l'ignorer jusqu'à la fin du repas. Ce n'est pas la première fois qu'on se dispute, mais, là, « elle dépasse les bornes des limites »… D'ailleurs, elle ne m'a plus adressé la parole de toute la journée. Ce soir, elle a filé à toute vitesse à la sortie des cours, et, comme par hasard, je l'ai vue discuter avec Guillaume devant la bibliothèque. Je suis verte de rage. Elle a très bien compris que j'ai un faible pour le nouveau. Toute meilleure amie aurait agi pour que ma future histoire d'amour puisse démarrer… Apolline fait exactement le contraire : elle s'interpose entre Guillaume et moi ! D'ailleurs, depuis que ce garçon est dans notre classe, ma copine n'évoque plus ses problèmes de famille. Comme c'est bizarre quand même… Elle n'arrête pas de lui parler, de lui poser des questions. Et il répond, bien sûr !

Je ne sais même pas s'il a remarqué les efforts que je fais ! Depuis un mois, je mange très souvent à la cantine pour lui tenir compagnie. Je ne prends plus le bus pour pouvoir marcher jusqu'au foyer avec lui le soir. Je fais des efforts é-nor-mes, et Apolline me casse la baraque ! Je suis écœurée ! Je crois que le nouveau a vraiment flashé sur ma copine, et moi, je n'ai plus qu'à coudre ma robe de demoiselle d'honneur pour leur mariage…

Je passe devant le foyer de Guillaume et j'ai un vrai pincement au cœur. J'accélère le pas pour éviter de trop penser. Ce soir, je suis fâchée avec ma meilleure amie et je suis obligée de rompre des fiançailles qui n'ont jamais eu lieu…

– Clémence ! Clémence !

Je ne me retourne même pas. Je sais à qui appartient cette voix.

– Clémence, attends-moi bon sang ! hurle à présent Apolline qui court derrière moi.

Je vais encore plus vite. Je ne veux pas qu'elle puisse penser qu'elle me manque déjà…

– Tête de mule ! dit-elle lorsqu'elle réussit enfin à me rattraper. Je n'en peux plus, j'ai battu un record de vitesse pour pouvoir te parler.

Muette, je continue à marcher la tête haute.

– Arrête-toi, me demande Apolline tout essoufflée. Je vais mourir d'épuisement sur le trottoir et ce sera de ta faute !

Je jette un œil vers elle. J'ai envie de sourire. La miss s'est couchée sur un banc, et elle fait semblant d'agoniser.

– Approche-toi, chuchote-t-elle. Il faut que je t'avoue un secret avant de te quitter pour toujours.

– Tu n'as qu'à dire ton secret à Guillaume, lui dis-je boudeuse.

Apolline se relève d'un bond.

– Justement Clémence ! Le secret le concerne aussi. Et ma vie en dépend !

Je deviens toute rouge. Je sais ce que ma copine va me confier et je ne veux pas l'entendre. Dans un accès de colère, je m'exclame :

– Traître ! Je t'ai toujours soutenue quand tu avais des soucis avec ta famille. Et toi, toi, ma meilleure amie, tu me piques mon amoureux. Parce que tu le savais hein ? Oui mademoiselle, tu le savais très bien que je suis amoureu…

– Clémence, écoute-moi ! hurle-t-elle pour couvrir mes paroles. Je ne vais pas te dire que Guillaume me plaît.

Je me tais, et je regarde Apolline. Elle a les yeux brillants, et je crois qu'elle est au bord des larmes.

Comme par magie, toute ma colère disparaît. Je m'assois à côté d'elle sur le banc.

– Drapeau blanc, dis-je tout bas. Je veux bien faire la paix. Mais explique-moi alors pourquoi Guillaume t'intéresse autant.

– Jure-moi que jamais au grand jamais, tu ne répéteras ce que je vais te dire.

– Je le jure, et si tu veux, je crache par terre pour te le prouver.

– On se passera du crachat…

Ma copine se lève et me prend la main. On marche toutes les deux jusqu'à ma maison. Pendant tout le trajet, elle me parle…

– Guillaume m'a tout de suite intéressée, mais pas pour les mêmes raisons que toi. Je t'avais dit que j'avais l'impression de le connaître alors qu'il était nouveau. Du coup, j'ai fait ma petite enquête, discrètement. En le faisant parler, j'ai compris que je n'avais jamais pu le croiser auparavant, même pendant mon enfance… Il habitait alors loin d'ici.

– Tu l'as peut-être rencontré dans un magasin quelques jours avant qu'il n'arrive au collège non ?

– Peut-être, me rétorque Apolline. Mais c'est assez improbable. En tout cas, je me suis mise à faire parler Guillaume. Plus il me racontait de choses sur lui, plus j'étais passionnée… Et tu sais pourquoi Clémence ? Parce que ce garçon a des milliers de points communs avec moi !

– Des milliers ? À part les mêmes yeux ou les mêmes cheveux, je ne vois pas…

– Justement, c'est cette petite ressemblance physique qui m'a alertée au départ. Après, j'ai remarqué son grain de beauté sur le lobe de l'oreille droite, comme sur le mien. Et puis, il y a une foule de petits détails étonnants qui font qu'on se ressemble beaucoup : il est gaucher, il a une fossette sur la joue, il adore le poulet au curry, il est fan de Gwen Stefani, il ne comprend rien à l'école, il adore les clips à la télé, il déteste qu'on lui touche les cheveux, il…

– Si je te suis bien, l'ai-je interrompue, tu es en train de me dire que ton super secret c'est que Guillaume a pratiquement les mêmes goûts que toi ?

– Laisse-moi finir, continue Apolline en prenant un air grave. Ce soir, à la sortie de l'école,

Guillaume m'a appris un truc incroyable…

– Oui ? dis-je en souriant. Je parie qu'il se brosse les dents avec le même dentifrice que toi !

Je regarde mon amie. Elle n'a même pas entendu ma plaisanterie…

– Guillaume est né e-xac-te-ment le même jour que moi, la même année que moi…, m'explique-t-elle les yeux brillants.

– J'ai de plus en plus de mal à comprendre…

– Alors je te fais un résumé. Un garçon arrive dans notre classe. J'ai la sensation bizarre de le connaître sans jamais l'avoir vu. Ses cheveux sont semblables aux miens, et en plus, il a mon regard. Cet inconnu possède les mêmes manies et les mêmes goûts que les miens. J'apprends que nous sommes nés le même jour et la même année… Il se trouve que ce garçon vit dans un foyer depuis sa naissance ou presque… Quant à moi, j'ai le sentiment de ne pas être à ma place dans ma famille… Alors ? Tu en conclus quoi ?

Je reste sans voix. Je n'ose même pas écouter la suite parce que je commence à deviner ce qu'Apolline est allée se mettre dans la tête.

– Je vais te dire ce que tu dois en conclure,

chuchote-t-elle à présent en me fixant droit dans les yeux. Tu peux te dire qu'il y a de fortes chances pour que je ne sois pas vraiment la fille de mes parents… Voilà le secret que je voulais te confier, Clémence. Je pense que je viens de rencontrer par le plus grand des hasards mon faux jumeau… Tu vois maintenant pourquoi il m'attire autant ?

Je reste sans voix. Mon cerveau est en train de trier les différentes informations. Lorsque mon portable sonne, je mets au moins trois secondes avant de réagir. Et il me faut trois secondes de plus pour comprendre que l'orthodontiste qui est au bout du fil n'apprécie pas du tout mon retard… Je file en courant, laissant Apolline et sa terrible révélation sur le trottoir.

Ma copine est folle et je n'ai pas eu le temps de lui dire !

Je déteste les orthodontistes !

Chapitre 5
Apolline

Je viens de prendre mon deuxième zéro de l'année en maths. Pour me consoler, Clémence m'a dit qu'avec une belle collec' de zéros, je pourrais toujours me faire un collier d'ici la fin de l'année… Elle a voulu me faire rire parce qu'elle pense que cette note m'a ruiné le moral. En fait, ce zéro ne m'a fait ni chaud ni froid. Il y a quinze jours à peine, je serais sortie du cours de maths en pleurant. Mais depuis une semaine, plus rien ne peut m'atteindre. Je suis indestructible.

Ou plutôt, je suis tellement à l'envers qu'il est difficile d'aller plus mal.

Clémence m'attend devant la sortie du collège.

– Tu rêves, me dit-elle. Je t'ai semée dans les couloirs !

– J'étais en train de me dire qu'en rentrant ce soir, je vais essayer d'ouvrir le petit secrétaire dans lequel maman enferme tous ses documents importants. Je suis sûre qu'elle a dû ranger les papiers concernant mon adoption là-dedans.

– Tu ne peux pas arrêter avec cette idée fixe ? me rétorque ma copine. Depuis que tu as décrété être adoptée, tu ne penses plus qu'à ça ! Reviens parmi nous Apolline. Allô la Lune, ici la Terre !

Je hausse les épaules. Clémence peut bien dire tout ce qu'elle veut… Je sais qu'elle pense que je suis devenue folle avec mon idée d'adoption. Il ne se passe pas un jour sans qu'elle essaie de me démontrer que je ressemble comme deux gouttes d'eau à mon père, à ma mère ou même à mon arrière-arrière-grand-tante ! Hier, elle est arrivée au collège en affirmant que j'avais exactement le menton de mon père dont la photo trônait dans le journal ! Ça m'a fait rire…

J'ai dû lui expliquer que j'avais eu une nouvelle révélation pendant le dîner la veille au soir. En regardant mes parents et mes frères, j'ai soudain réalisé qu'ils avaient tous les quatre les yeux marron ! C'est fou, mais jusqu'à aujourd'hui, c'est le genre de détail qui n'avait jamais retenu mon attention… Je suis la seule à avoir des yeux bleus dans la famille ! C'est évident que je suis une intruse ! D'ailleurs, les preuves s'accumulent… J'ai feuilleté attentivement l'album photos familial hier soir, avant que mes parents ne rentrent du travail.

– Il y a quatre clichés où ma mère pose fièrement avec Étienne, à la clinique, le lendemain de son accouchement, dis-je à Clémence alors que nous marchons vers sa maison. J'y ai aussi vu quelques photos où elle est à l'hôpital avec Gaël trois ans après. Mais il n'y a aucune photo de maman et moi, quelques jours après ma naissance… Quand j'apparais enfin sur l'album, c'est au mois de juillet ! Et je suis née en mai ! Tu peux calculer, j'ai intégré ma famille lorsque j'avais deux mois. C'est pour cette raison que mes parents n'ont pas pu me prendre en photo durant mes premières semaines de vie !

Clémence ne parle pas. Je sens que mon accumulation d'indices commence à ébranler ses certitudes…

– Pourquoi tu ne dis rien à Guillaume si tu es

si sûre de toi ? finit-elle par me demander au bout de quelques minutes. C'est le premier concerné après tout !

– Je veux être certaine à cent pour cent ! C'est pour ça que je n'arrête pas de fouiller chez moi. Je finirai bien par trouver un certificat d'adoption ou un papier de ce genre ! Il existe forcément un document !

– Au lieu de chercher au hasard, prends ton courage à deux mains et demande à tes parents de te dire toute la vérité, rien que la vérité !

– Je ne suis pas certaine que mes parents oseraient me parler franchement. Je veux finir mon enquête avant de les mettre au pied du mur !

Après ma dernière phrase, Clémence se tait. Je sens qu'elle rumine ses idées mais qu'elle n'a plus d'arguments. Je crois qu'elle a compris à quel point j'étais déterminée. C'est étrange d'ailleurs comme je suis calme. Je ne m'énerve plus. Je ne me sens même plus nulle ou bonne à rien. J'ai enfin compris qui j'étais vraiment.

Finalement, la preuve la plus criante de mon adoption, je la porte en moi depuis que je suis née ! Je suis une cancresse perdue dans une famille de cracks. Je comprends à présent pourquoi mes résultats scolaires n'ont jamais été à la hauteur… Je ne peux pas être aussi intelligente qu'eux puisque le sang qui coule dans mes veines n'est pas le même que le leur. Je viens d'ailleurs, c'est quand même clair !

Depuis une semaine, je passe beaucoup de temps à observer mes parents ou mes frères. Je remarque surtout leurs tics, leurs particularités physiques. Ensuite, je cours me regarder dans la glace et je les imite. À ce moment-là, je trouve que je leur ressemble vraiment. Et puis je me dis qu'à force de vivre à leurs côtés, ils ont dû un peu déteindre sur moi… Mes sentiments sont complètement mélangés. J'ai peur d'être confrontée à la vérité, et en même temps, il me tarde de savoir ce que je sais déjà…

– J'ai peut-être une idée, me dit soudain Clémence alors que nous sommes toutes les deux absorbées par nos pensées. Tu as peut-être un moyen de confondre tes parents : tu n'as qu'à leur présenter Guillaume. Ce sont tes parents, ils sentiront tout de suite que vous êtes frère et sœur, et ils réagiront forcément !

– À ce moment-là, je comprendrai peut-être pourquoi j'ai été la seule à être adoptée alors que nous étions jumeaux !

L'idée de Clémence me semble excellente. Je me sens soudain surexcitée… J'ai un but très précis et je me hâte de rentrer chez moi pour mettre au point un plan « invitation Guillaume » ! En ouvrant la porte de l'appartement, j'ai la mauvaise surprise de découvrir que je ne suis pas seule comme prévu. Papa est déjà là !

– Ma jolie princesse est de retour du collège ! s'exclame-t-il. Que vas-tu me raconter sur ta journée, ma fille ?

– Qu'est-ce que tu fais à la maison ? dis-je toute surprise de le voir. Tu n'es jamais là à cinq heures, d'habitude.

– Aujourd'hui, vois-tu, j'ai décidé de faire le « bureau buissonnier ». J'avais envie de profiter un peu de mes trois ados préférés…

– Tu vas devoir attendre un peu avant de profiter de tes fifils chéris, dis-je en quittant la cuisine, ils ne sortent jamais de cours avant six heures le lundi !

– J'ai dit « mes trois ados préférés » Apolline,

tu en fais partie, alors ne te sauve pas, crie mon père du couloir.

Je ne réponds pas. Je suis contrariée de le voir. Je sais que je ne vais pas pouvoir penser tranquillement.

– Alors, quelles sont les nouvelles aujourd'hui ? demande mon père qui apparaît à la porte de ma chambre,

– J'ai eu un zéro en maths ! Voilà la grande nouvelle du jour, dis-je en le regardant droit dans les yeux.

Du coup, papa ne sourit plus. Il s'assoit sur mon lit et demande à voir mon contrôle. Il soupire tout au long de sa lecture.

– Tu as vraiment des problèmes de compréhension en maths, Apolline, annonce-t-il au bout de quelques secondes. Je me demande vraiment si le prof que je paye pour tes cours à domicile est compétent…

– Tu devrais plutôt te demander si c'est moi qui ne suis pas tout simplement incompétente, lui dis-je en jetant mes affaires de classe en vrac dans mon tiroir. C'est ça la vraie question. Comment la fille d'un chef de cabinet peut-elle être aussi mauvaise en classe ?

Mon père me regarde, mon devoir raté à la main.

– Je ne pense pas ce genre de choses. Tu te trompes complètement. « Paris ne s'est pas fait en un jour. » J'ai confiance en toi, et je suis persuadé que tu finiras par trouver ta voie. « Tout vient à point à qui sait attendre. »

Je ricane en le regardant. Je ne supporte plus ses grandes phrases. Je sens la colère m'envahir, et je sais pourtant que mon père déteste qu'on lui manque de respect. Mais c'est plus fort que moi, je me mets à hurler :

– Toi qui aimes les proverbes, en voilà un : « toute vérité n'est pas bonne à dire », et pourtant, je vais t'en dire une : je déteste l'école ! Je suis nulle, et je ne changerai pas ! Et tu veux savoir ce que j'en pense ? Je m'en fous !

Papa en reste muet. C'est la première fois que je suis dans un tel état devant lui. Il se lève et il me dévisage longuement.

– Ta réaction prouve bien que tu ne t'en « fous » pas, comme tu le dis si bien. Je veux que nous ayons une petite discussion, toi, maman, et moi, dès ce soir. Il y a un certain nombre de points que je veux aborder, Apolline. « La colère est mauvaise conseillère » ma fille, tu sembles l'oublier…

Ensuite, il sort de ma chambre en fermant la porte.

J'ai envie de pleurer.

Je déteste les proverbes !

Chapitre 6
Clémence

Guillaume passe de moins en moins de temps avec nous. C'est horrible… C'est de la faute d'Apolline, j'en suis sûre ! Elle est carrément obsédée par son idée d'adoption. Du coup, elle est tout le temps collée aux baskets de son soi-disant frère, et je suis certaine que ça le fait fuir. Heureusement, elle ne lui a pas encore parlé de son idée fixe, parce que sinon, il aurait déjà quitté le collège en courant.

Ma copine retourne sa maison dans tous les sens pour trouver un certificat d'adoption la concernant. Je ne sais même pas si un tel papier existe ! D'ailleurs, je ne sais plus quoi penser de sa théorie…

Je veux bien reconnaître qu'elle est vraiment très différente des autres membres de sa famille. Sur ce point, je ne peux pas la contredire. Je veux bien la croire aussi lorsqu'elle affirme qu'il existe beaucoup de points communs entre Guillaume et elle. Mais de là à en conclure qu'elle doit certainement être sa sœur…

Tout de même, deux choses me troublent dans ses affirmations : Apolline est d'abord la seule de sa famille à avoir les yeux bleus. J'ai vérifié, ils ont tous les yeux marron. Je trouve ça un peu bizarre… Elle est aussi la seule qui n'ait pas été prise en photo tout de suite après sa naissance. Elle a déjà deux mois sur les premiers clichés…

– Demande à tes parents, lui ai-je dit. Il doit bien y avoir une explication à cette absence de photos…

– Je veux d'abord toucher du doigt la vérité, m'a répondu Apolline d'un ton tragique.

C'est exactement le mot qui convient d'ailleurs ! Ma copine devient tragique, et elle fait fuir mon futur fiancé… Guillaume s'éloigne à vue d'œil. Heureusement, il me reste quelques tête-à-tête parfois, quand je rentre avec lui le soir.

J'espère encore qu'un de ces jours, il me proposera de venir dans son foyer. Je lui en parle assez souvent, il va bien finir par comprendre à quel point j'ai envie de visiter l'endroit où il vit. C'est ça l'amour ! On a envie de tout connaître de celui qu'on aime... Mais quand celui qu'on aime nous évite, ça devient difficile à vivre ! J'ai essayé de parler de tout ça avec Apolline ce matin :

– On dirait que tu cherches à briser mon histoire d'amour avec Guillaume ! lui ai-je dit. Ton enquête devient lourde pour lui. Tu passes ton temps à lui poser des questions. Du coup, il en a ras la casquette, et il se tourne vers les autres garçons de la classe.

– Je te rappelle que ton histoire d'amour n'a pas encore commencé. Tu dois être patiente avec Guillaume. Tu dois l'apprivoiser, tout doucement.

– Tu te prends pour une psy ou quoi ? lui ai-je rétorqué. Comment peux-tu savoir ce que je dois faire ?

– Parce qu'il s'agit de mon frère jumeau !

On en revient toujours au point de départ avec elle, et ça m'use ! Apolline tourne tellement en rond qu'elle est incapable d'avancer !

Tout à l'heure, la prof de français lui a mis un mot sur son carnet de correspondance. Elle n'écoute plus rien en cours ! J'essaye de la raisonner pendant que nous attendons le bus toutes les deux.

– Tu ne vas pas t'y mettre toi aussi, Clémence, me répond-elle d'un ton las. J'en ai déjà assez avec mon père et ma mère qui me demandent des comptes ! Comment veux-tu que je sois concentrée sur des matières scolaires ? Il y a une seule chose qui m'intéresse pour l'instant : je veux connaître mes vraies origines !

– Tu les connais déjà ! Tu es la fille de monsieur et de madame d'Arçay : tes parents !

Mais Apolline ne m'écoute pas puisque je la contredis. Elle préfère changer de sujet de conversation…

– Tu as remarqué que Guillaume nous évite de plus en plus ? continue-t-elle en sautant du coq à l'âne.

– Voilà ! C'est ce que je me tue à te dire depuis une semaine. Ton « frère » a de moins en moins envie de nous parler.

– Mais c'est une bonne nouvelle pour lui,

Clémence ! Au moins, il commence à avoir des amis, et du coup, il se sent moins seul au collège.

– Tu parles de copains ! dis-je en colère. Alexis est un âne qui ne pense qu'à faire d'énormes bêtises. Tu as déjà oublié quand il a lancé un pétard dans les W.- C. des filles ?

Apolline sourit puis lance soudain :

– Je vais inviter ton chéri à la maison ce samedi !

– Tu... Tu as fini ton enquête ?

– Non, mais c'est toi qui m'as suggéré ce plan l'autre jour, et j'y ai pensé très sérieusement... Je voulais être sûre que mes parents soient à la maison avant de faire venir Guillaume. Et justement, ils seront présents tous les deux ce week-end ! Je vais les mettre en face de mon faux jumeau !

Je ne parle plus. Je suis verte à l'idée de savoir que Guillaume va passer son après-midi chez Apolline. J'en oublie même que c'est moi qui ai eu cette idée géniale.

– Bien sûr, tu es invitée toi aussi, Clémence, ajoute ma copine au bout de quelques secondes. Je ne comptais pas passer une après-midi en tête à tête avec ton fiancé quand même…

Je suis tellement soulagée que je ris bêtement.

– Tu verrais ton air ! se moque Apolline. On dirait que je viens de t'annoncer que tu as gagné au loto !

Je rougis comme lorsque je passe au tableau au collège. Apolline a beau être ma meilleure amie pour la vie, il m'est encore difficile de lui avouer à quel point je suis amoureuse…

– Tu sais, j'ai pensé à un truc, continue-t-elle alors que nous montons dans le bus. Si Guillaume est mon frère, alors c'est formidable pour toi et moi !

– Je ne vois pas en quoi ce peut être fabuleux pour moi…

– Pense au futur, Clémence. Le jour où tu vas épouser Guillaume, je deviendrai ta belle-sœur, comme ça, on ne se perdra jamais de vue ! Et en plus, je serai la marraine de votre premier enfant. Merveilleux, non ?

Je secoue la tête pour chasser ces idées folles mais j'imagine déjà à quoi pourrait ressembler l'enfant que j'aurais avec Guillaume… Il serait beau, comme son père, et intelligent, comme sa mère… quand elle se met au travail. Le bus s'arrête et je quitte Apolline sur ces beaux projets. En me dirigeant vers ma maison, je repense à notre conversation. Pour une fois, ma copine n'a pas été trop sérieuse. Je la retrouve comme elle pouvait être l'année dernière, avant son redoublement. À cette époque, on rigolait vraiment toutes les deux. Nos résultats étaient catastrophiques, mais au moins, on s'éclatait ! Son échec au collège l'a transformée. Elle est devenue triste, susceptible. Lorsque Guillaume est arrivé, Apolline s'est lancée à fond dans son histoire d'adoption. Devenir la « sœur » de Guillaume lui a permis d'oublier ses propres soucis : elle se retrouve en face d'une montagne à escalader !

D'ailleurs, elle n'est pas la seule dans ce cas… J'ai moi aussi un véritable iceberg à gravir ce soir : la prof de maths nous a donné un devoir pour demain… Je m'assois devant mon bureau, en espérant qu'un miracle va m'aider à comprendre la division décimale… Mais rien ne se produit et au bout d'une heure et demi, ma feuille est toujours aussi blanche, ce qui me désespère. Heureusement, mon portable qui sonne me sauve de la dépression nerveuse !

– Je viens de téléphoner à Guillaume pour l'inviter samedi, me dit Apolline qui est à l'autre bout du fil. Et il a refusé…

J'en reste muette d'étonnement. Ma copine continue :

– Il m'a à peine parlé d'ailleurs. Tu sais, il avait une drôle de voix. Il a bredouillé qu'il avait prévu autre chose pour samedi et que…

– Je suis sûre qu'il ne veut plus nous voir, c'est tout !

– Peut-être… En tout cas, il avait visiblement envie d'abréger notre conversation. J'ai été un peu vexée qu'il raccroche aussi vite.

– Je te l'avais bien dit ! Guillaume nous fuit. C'est la cata…

Apolline essaye de me rassurer mais je sens bien qu'elle est aussi embêtée que moi.

Je sais que je vais passer une très mauvaise soirée à cause de cela.

Je déteste les samedis !

Chapitre 7
Apolline

C'est la révolution ce matin au collège. Je n'ai jamais vu le bahut dans un état pareil ! Tout ça pour un mur qui a été tagué. Il y a une bonne centaine d'élèves regroupés dans la cour : ils sont complètement excités par ce qui vient de se passer… Tu parles d'un cirque pour quelques taches de peinture ! Il y a quand même des choses infiniment plus graves dans la vie.

– Je te parie que ceux qui ont fait ça sont archi-nuls en arts plastiques, me dit Clémence. C'est un bon indice pour une enquête, non ?

Je regarde les tags rouges qui s'étalent en plein milieu du mur de clôture du collège. C'est vrai qu'ils sont laids ! J'aperçois Guillaume au milieu d'un petit groupe d'élèves. Il semble très agité. En quelques secondes, une bagarre éclate et c'est lui qui porte le premier coup ! Je saisis le bras de Clémence : Guillaume est en mauvaise posture contre deux élèves de quatrième. Alexis vole à son secours. C'est la première fois de l'année que je trouve ce garçon intelligent. Très vite les pions apparaissent et tout le monde s'éparpille. Guillaume, Alexis et les deux garçons avec qui ils se battaient n'ont pas le temps de déguerpir… Les pions les emmènent dans le bureau de la Vie Scolaire.

– Tu as vu avec quelle rage ils se sont battus ! s'écrie Clémence encore impressionnée. J'ai cru qu'ils allaient s'entre…

– Je sais pourquoi il y a eu une bagarre, l'interrompt Pauline, notre chef de classe qui nous a rejointes. J'ai tout entendu, j'étais à côté. Ils ont parlé d'hier soir et de bombes de peinture. Je suis sûre que Guillaume et Alexis ont un rapport avec les tags !

– N'importe quoi ! dis-je. Tu les vois peindre ces horreurs ?

– Pourquoi pas ! Alexis est prêt à tout lorsqu'il s'agit de faire des âneries…

Je hausse les épaules en me dirigeant vers le cours de géo. Mais au bout d'une bonne demi-heure, je ne suis plus aussi sûre de moi. Guillaume et Alexis n'ont toujours pas rejoint notre cours, ce qui n'est pas bon signe du tout… À l'interclasse, les rumeurs vont bon train. Les élèves disent tout et n'importe quoi. J'ai envie d'en gifler certains !

Quand je vois revenir Guillaume et Alexis pendant le cours d'anglais, je me sens vraiment soulagée. Pourtant, les deux amis font grise mine et ils sont dans un sale état. L'un a l'œil bien amoché, l'autre a le nez comme une patate. Le prof ne fait aucun commentaire en lisant les mots justifiant leur retard sur leurs carnets de correspondance. J'attends impatiemment la fin du cours pour en savoir plus. Malheureusement, je ne suis pas la seule, et à la récré, toute la classe ou presque se rue sur les deux garçons pour connaître enfin leurs explications.

– On va sûrement être virés une semaine, annonce d'entrée Guillaume. Et peut-être même plus…

– Ouais, confirme Alexis. Une semaine parce

qu'on s'est battus… Mais les pions nous ont aussi dit qu'on risque le renvoi total parce qu'on est soupçonnés d'être les tagueurs.

Des cris de surprise fusent de toutes parts.

– Tu veux dire que vous allez passer en conseil de discipline ? demande Pauline.

– Il y a un gros risque, répond Guillaume. Il faut absolument qu'on prouve qu'on n'a pas peint le mur en rouge hier soir et ça va être difficile…

Je n'en reviens pas. Je regarde les deux garçons qui me font face. Ils paraissent abattus. Les élèves de la classe chuchotent à présent. Tout le monde prend une mine désolée mais je sais que, finalement, ils s'en fichent tous !

Lassés d'être interrogés, Guillaume et Alexis s'éloignent. Clémence et moi les suivons sans attendre leur autorisation.

– Vous avez tagué ce mur oui ou non ? demande Clémence qui les a rattrapés.

– Non ! répond Guillaume en chuchotant. Seulement, c'est nous qui avons acheté les bombes !

Alexis lui fait signe de se taire.

– Bonjour la confiance ! dis-je hors de moi.

Votre plan c'est « les filles, ça compte pour du beurre » ?

Guillaume hausse les épaules. Il saisit la manche de mon blouson et la main de Clémence pour nous entraîner un peu à l'écart. Il se met alors à nous raconter ses mésaventures de la veille au soir…

– Quand on est sortis du collège avec Alexis, on avait l'idée d'aller taguer le vieux mur derrière l'abribus. On a acheté nos bombes de peinture chez le droguiste, derrière le collège. En sortant, on est tombés sur deux abrutis de quatrième…

– Ceux avec qui vous vous êtes battus ? demande Clémence.

– Exactement… Ils ont vu qu'on avait acheté des bombes et ils ont décidé de nous les piquer. On s'est défendus comme on a pu mais on a fini avec de la peinture plein nos habits…

– Ouais, confirme Alexis, ils ont volé nos bombes, et en plus, ils ont pourri nos fringues !

– On était tellement en colère qu'on a traîné dans la rue jusqu'à six heures en faisant des plans pour le lendemain. Je suis rentré au foyer en retard, avec un blouson et un pantalon rouges de chez rouge. Bien sûr, j'ai eu droit à un savon en règle… Je n'ai même pas cherché à me justifier : de toute façon, je me suis dit qu'on ne me croirait pas !

Je repense à la voix qu'avait Guillaume la veille au soir lorsque je lui ai téléphoné. Je comprends un peu mieux la froideur de sa réponse : il devait être complètement perturbé par ce qu'il venait de vivre.

– Même chose chez moi, continue Alexis. Je me suis fait jeter par ma mère mais j'ai préféré me taire à propos des bombes de peinture… J'ai dit que j'avais traîné à côté d'un chantier de peintres. Et puis ce matin, on s'est rendu compte que les deux quatrièmes étaient venus peindre le mur après leur vol…

– Mais pourquoi est-ce que vous êtes accusés ? demande Clémence qui frémit de rage.

Guillaume reprend le fil de son récit :

– Je me suis précipité sur les deux gars qui nous ont rackettés quand je les ai vus dans la cour ce matin. J'avais trop la rage ! Ensuite, devant les pions, ils ont soutenu qu'ils nous avaient aperçus avec deux bombes de peinture la veille au soir, et que c'était probablement nous qui avions tagué le mur ! Ils ont affirmé que c'était la raison pour laquelle je m'étais jeté sur eux dans la cour… L'horreur totale !

– Mais enfin ! Vous n'avez qu'à expliquer que vous vous êtes fait racketter ! crie à présent Clémence carrément indignée. C'est ce qui s'est passé, non ?

– Va expliquer ça à la Vie Scolaire ! C'est notre parole contre celle des deux élèves de quatrième. Il n'y a aucun témoin ! Et ce qui joue en notre défaveur, c'est qu'Alexis et moi, nous sommes rentrés chez nous peinturlurés de rouge des pieds à la tête ! Les éducateurs et la moitié du foyer m'ont vu ainsi ! Si on interroge quelques élèves de mon foyer, ils diront tous qu'ils m'ont vu déguisé en père Noël hier soir ! Je suis grillé !

La sonnerie retentit. Je réalise d'un coup que je déteste ce collège et que je l'ai toujours détesté.

– Ils ne vont pas te virer, dis-je à Guillaume d'un ton catégorique. C'est impossible.

Alexis ricane :

– Et moi, ils peuvent me mettre dehors ? Ton plan c'est « Alexis, il compte pour du beurre » ?

Je ne souris même pas. Je me dirige d'un pas décidé vers le cours de français. Pour la première fois depuis bien longtemps, je sais parfaitement ce que je vais faire. Notre prof principale nous laisse à peine le temps de nous asseoir. Elle entame un grand discours sur le respect des locaux scolaires. En parlant, elle dévisage longuement Alexis et Guillaume…

– Je vous informe que tout délit au sein de ce collège est passible d'un renvoi définitif, explique la prof en faisant les cent pas entre les rangs. Pensez-y s'il vous vient un jour l'envie d'exprimer vos talents de tagueurs au sein de notre établissement, comme l'ont fait deux de vos camarades hier s…

– Non ! dis-je soudain, sans laisser la prof finir sa phrase. Pour l'instant, nos deux camarades sont seulement « soupçonnés » d'avoir commis un délit, madame. Vous ne pouvez pas les accuser…

Tous les regards se tournent vers moi. Il faut dire que c'est l'une des premières fois où je prends la parole en cours.

– Mademoiselle Apolline d'Arçay, s'écrie la prof, je suis ravie d'entendre que tu possèdes un vrai organe vocal. Je commençais à penser que l'une de mes élèves était muette… Je constate même que tu maîtrises quelques rudiments de langage d'avocate…

– Je veux simplement vous dire que vous oubliez la « présomption d'innocence » à laquelle ont le droit tous les accusés, madame.

– Voyez-vous ça… continue ma prof principale. Mais on se croirait dans un tribunal, Apolline ! Quel dommage que tu ne mettes pas autant d'énergie à apprendre tes cours ! Je ne savais pas que tu avais des talents d'oratrice. Tu n'as plus qu'à enfiler ta toge d'avocate pour aller défendre Guillaume et Alexis lorsqu'ils seront dans le bureau du Principal qui compte bien éclaircir cette affaire.

– « Qui veut la fin, veut les moyens ! » dis-je, stupéfaite de m'entendre citer l'un des proverbes de mon père…

– Bien, conclut la prof principale en souriant. Mais n'oublie pas que « qui sème le vent, récolte la tempête »…

– « Quand le vin est tiré, il faut le boire » madame…

Personne ne dit un mot dans la classe. Guillaume et Alexis me regardent, l'air ahuri. Clémence attaque la deuxième moitié de son stylo. Moi, je tremble tellement que j'ai du mal à ouvrir mon cahier.

De toute façon, je suis prête à tout.

Ils ne m'enlèveront pas mon frère.

Je déteste les quatrièmes !

Chapitre 8
Clémence

Apolline a été géniale ! Je n'en reviens toujours pas d'ailleurs. Alors qu'elle n'a jamais pris la parole en cours depuis le début de l'année, elle vient de tenir tête à la prof principale ! Elle a défendu Guillaume et Alexis comme si elle était au tribunal ! Et après, elle ose affirmer qu'elle ne ressemble pas à sa mère…

– J'ai cru entendre une avocate ! lui dis-je alors qu'on sort de cours toutes les deux. Tu lui as cloué le bec à la prof ! D'ailleurs, comment tu fais pour connaître les mots compliqués des tribunaux ?

– Ma mère parle souvent de son travail à table… À force, j'ai dû retenir des phrases…

Apolline a un regard que je ne lui ai jamais vu ! On dirait que ses yeux lancent des flammes…

– Merci, lance Guillaume qui nous rejoint en courant. Tu as été plutôt… euh… impressionnante… Je ne vois pas d'autres mots.

– Ouais, confirme Alexis. Super impressionnante même !

Ma copine les regarde tous les deux.

– Mon petit discours, c'était du pipi de chat !

– Ah bon ? fait Alexis déçu. Moi j'aurais plutôt dit que c'était comme un bon verre de jus d'orange bien frais…

– Ce que je veux dire, c'est que mes mots ne servent à rien face à des adultes butés et obstinés comme les pions de la Vie Scolaire ou le Principal. Il en faut plus pour vous défendre !

– Mais attends, dit Guillaume l'air inquiet. On ne va quand même pas passer devant un tribunal à cause de ce mur ! Tu parles comme si demain on allait être fusillés…

– C'est pareil s'ils vous renvoient ! s'écrie Apolline. Ils flinguent votre année scolaire ! Si personne ne vous défend, vous êtes les coupables idéaux ! Pas de témoins, de la peinture plein vos habits, le témoignage du droguiste qui vous aura vus…

– Ils ont interrogé le droguiste ? s'étrangle Alexis.

– Non, mais ils sont bien capables de le faire.

Les deux garçons sont lugubres. Je regarde Apolline : elle sort son portable de sa poche.

– Voilà ce qu'on va faire, explique-t-elle. On va mettre toutes les chances de votre côté. Pour ça, il vous faut quelqu'un qui a l'habitude de traiter les affaires délicates. J'appelle ma mère…

– Quoi ? dis-je en m'étranglant à mon tour. Tu vas déranger ta mère au palais de justice pour qu'elle vienne, là, maintenant ?

– Non, continue tranquillement ma copine en composant le numéro de téléphone, je vais lui demander de rentrer plus tôt cette après-midi. Et vous allez tous venir chez moi pour qu'on puisse discuter avec elle.

Après cette dernière phrase, elle nous tourne le dos pour parler sans être dérangée. Guillaume et Alexis ne bronchent pas, ils semblent gênés.

– Vous pouvez faire confiance à Apolline, dis-je pour les rassurer. Elle a souvent des idées géniales.

– Elle rêve ! Sa mère ne va quand même pas venir nous défendre au collège ? s'exclame Alexis.

– Madame d'Arçay est une super avocate. Elle nous dira sûrement comment s'y prendre pour que vous ne soyez pas virés. C'est quand même le plus important…

Guillaume me regarde droit dans les yeux. Je me sens rougir et j'ai envie de me donner des claques.

– Dis-moi la vérité, toi qui es sa meilleure amie. Pourquoi Apolline se met en quatre pour nous aider ?

– Pour tes beaux yeux tiens ! lance Alexis. Tu n'as pas encore compris qu'elle était folle de toi ? Elle te suit à la trace depuis que tu es arrivé au bahut !

Je me mets à hurler :

– Tais-toi espèce d'idiot ! Tu n'as rien compris ! T'es vraiment un âne !

– Un âne peut-être, renchérit Alexis en ricanant. Mais un âne qui n'est pas aveugle ! Toute la classe le pense d'ailleurs ! Tout le monde dit qu'Apolline est raide dingue du nouveau ! Tu es sourde si tu ne l'as pas entendu…

Guillaume rougit à présent. Il se dandine sur ses

pieds comme le premier jour où il nous a été présenté en classe.

– Alors, me demande-t-il, c'est vrai ce qu'on raconte ?

– Tu n'as qu'à essayer de lire dans les pensées d'Apolline, lui dis-je. En tout cas, tu vas avoir du boulot vu que tu as été incapable de lire dans les miennes !

Je plante là les deux garçons. Je suis folle de rage ! J'ai bien vu que je comptais pour du beurre pour Guillaume. Je me sens naine, minuscule, microbienne en face de lui ! Il veut connaître les sentiments d'Apolline, c'est tout ce qui l'intéresse ! J'ai failli lui hurler en pleine face : « elle pense que tu es son frère ! », mais je me suis retenue. Je n'ai pas le droit de trahir un tel secret. Je bous littéralement de colère et je franchis la porte du collège vitesse grand V. Apolline me rejoint devant l'abribus.

– Pourquoi tu ne m'as pas attendue ? me demande-t-elle étonnée. Je t'ai vue partir en courant, j'ai rien compris !

– C'est pas grave, dis-je boudeuse. Il n'y a rien à comprendre.

– Oh là là ! Tu ne vas pas nous faire une petite déprime maintenant ? J'ai besoin de toi aussi je te signale.

Je ne réponds rien. Je repense à Guillaume et j'ai un peu envie de pleurer.

– J'ai donné rendez-vous aux garçons chez moi à 15 heures, m'explique Apolline. Au téléphone, ma mère n'était pas contente du tout que je la dérange en plein boulot. Tu la connais, elle m'a dit : « J'espère que tu ne me fais pas revenir pour une broutille. Tu sais la somme de travail qui m'attend au Palaiaiais… »

Je souris en écoutant Apolline se moquer de la façon de parler de sa mère.

– Ah tu vois que j'arrive encore à te faire rire ! s'écrie-t-elle. J'ai répondu qu'il s'agissait d'une affaire hypra-importante, que je ne pouvais pas tout expliquer au téléphone parce que je n'avais presque plus de forfait, et j'ai raccroché. Après, j'ai éteint mon portable ! Comme ça, elle va se sentir obligée de venir ! Tu te rends compte, Clémence, je vais en même temps sauver Guillaume de son renvoi, et découvrir la vérité sur mon adoption ! Maman va enfin rencontrer mon frère jumeau…

Apolline a les joues rouges, elle est complètement excitée !

– Je n'ai jamais été dans cet état, me confie-t-elle. Je me sens tellement différente ! Pour une fois, j'ai l'impression de compter vraiment, tu vois ! Guillaume a besoin de moi pour s'en sortir, et je vais tout faire pour l'aider. Et moi, j'ai besoin de lui pour comprendre d'où je viens… On est complémentaires en quelque sorte.

– Tu as bien de la chance de sentir que tu comptes pour quelqu'un, dis-je alors que nous montons dans le bus. Moi, j'ai découvert tout à l'heure que je n'avais aucune chance de vivre ma Grande Histoire d'Amour avec Guillaume…

Alors que les larmes me montent aux yeux, je finis par raconter la raison de mon départ précipité du collège. Apolline me tend un mouchoir, puis elle me serre contre elle :

– Ne t'en fais pas, Clémence. Laisse tomber les ragots et les rumeurs ! On s'en fiche ! Guillaume ne t'a pas dit qu'il m'aimait ?

– Non, finis-je par concéder en me mouchant bruyamment.

– Évidemment ! Il ne peut pas tomber amoureux de sa sœur ! C'est contre nature ! Alors pourquoi tu t'inquiètes ?

– Je ne sais pas, j'ai eu l'impression…

– Oublie tes impressions, me coupe Apolline. Alexis t'a raconté n'importe quoi, c'est tout. Je suis sûre que je vais devenir ta belle-sœur, fais-moi confiance !

Je ris tout en pleurant. Apolline a retrouvé toute son énergie, et ça me fait du bien de récupérer ma vraie copine.

– En partant, j'ai laissé entendre à Guillaume que j'étais amoureuse de lui, dis-je au bout d'un moment. Je me sens mal maintenant. Qu'est-ce que je vais bien pouvoir lui dire tout à l'heure chez toi ?

– Rien ! Tu ne lui diras rien, c'est le mieux. De toute façon, ma mère sera là, et on n'aura pas le temps de parler mariage…

Le bus nous arrête devant chez Apolline. Je monte chez elle pour partager son déjeuner, comme tous les mercredis. C'est Gaël qui nous ouvre.

– *Hello*, nous dit-il. *It's time to eat ! I'm hungry, hurry up !*

Comme j'ouvre de grands yeux, Apolline m'explique :

– Ne t'inquiète pas, c'est normal. Gaël a changé son English day depuis la semaine dernière. Il a décidé qu'il parlerait anglais tous les mercredis désormais. Tu souris, et, s'il te pose des questions, tu lui réponds un coup « yes », un coup « no ». Ça marche pas mal finalement !

Ma copine dit que son frère a un grain mais je commence à la comprendre ! Pendant tout le repas, il ne dit pas un seul mot de français. Comme sa sœur n'arrive pas à lui répondre correctement, leurs échanges me font mourir de rire… Quand j'entends la porte d'entrée s'ouvrir, je me surprends à regarder ma montre. Je n'ai pas vu le temps filer, il est déjà trois heures. Madame d'Arçay rentre plus tôt, comme promis. Alexis et Guillaume vont arriver eux aussi…

Apolline me serre le bras machinalement. Je crois qu'elle a peur. J'ai d'ailleurs l'impression que la chaleur monte dans la pièce.

Je me ronge les ongles nerveusement.

Ma copine se lève du canapé pour accueillir sa mère. Elle tremble un peu.

Je ne sais pas ce que je fais là. Je me sens en trop tout à coup…

Je déteste les moments fatidiques !

Chapitre 9
Apolline

Maman est dans le hall d'entrée. J'entends Gaël lui demander en français pourquoi elle rentre si tôt. Il est tellement surpris de la voir à la maison un mercredi après-midi, qu'il en oublie son English day ! Je laisse Clémence se ronger les ongles dans le salon, et je rejoins ma mère qui m'embrasse en annonçant :

– Me voilà comme tu l'as demandé, Apolline. Alors dis-moi vite quelle est cette affaire « hypra-importante » qui m'oblige à mettre en attente mes dossiers au tribunal…

La sonnette de l'entrée ne me laisse pas le temps de répondre. Quand j'ouvre la porte, Alexis et Guillaume me saluent, l'air embarrassé. Je les tire par le bras pour qu'ils rentrent, car ils sont bien capables de passer la nuit sur le paillasson tellement je les sens intimidés.

– Bonjour madame, bredouillent les deux garçons en entrant.

– Mais tu as de la visite en plus ? s'étonne maman qui ne comprend pas.

– Je te présente deux amis du collège, dis-je à toute vitesse. Ce sont Alexis et Guillaume, ils sont au cœur du problème en fait.

Je me place tout contre Guillaume volontairement et j'observe la réaction de ma mère. Je veux voir si notre ressemblance la trouble. Elle ne sourcille pas, elle a plutôt l'air de ne rien y comprendre. Gaël serre les mains de mes deux copains comme s'il les connaissait depuis toujours…

– *I'm very happy to meet my sister's friends*, dit-il aux deux garçons qui ont des regards de plus en plus ahuris.

– Allons dans le salon les enfants, ordonne ma mère. J'ai besoin d'y voir plus clair !

Maman embrasse Clémence qui devient rouge comme une tomate parce que Guillaume rentre dans la pièce à ce moment-là. L'ambiance est plutôt lourde et je me sens très nerveuse. Je m'assois entre les deux garçons et j'explique la situation à ma mère. Pendant tout le temps où je parle, je l'observe attentivement. Elle regarde mes deux voisins. J'attends un signe de sa part, le moindre petit soupçon d'étonnement face à Guillaume. Mais elle se contente pour l'instant de m'écouter. Elle ne manifeste aucun sentiment particulier. Je pense même que mon discours a l'air de l'ennuyer un peu… Lorsque je m'arrête enfin, il règne un silence de mort dans le salon.

– Si j'ai bien compris, Apolline, dit enfin maman en se levant de son fauteuil, tu es en train de m'annoncer que tu m'as obligée à quitter le palais de justice en pleine après-midi pour m'apprendre que je dois défendre tes deux copains ?

Clémence a une soudaine envie de faire pipi, et elle nous abandonne… Alexis se met à tousser violemment. Guillaume devient tout rouge. Je me rapproche encore plus de lui. Ma mère ne réagit toujours pas.

– Je veux juste que tu nous aides à résoudre au plus vite cette affaire maman, dis-je en y mettant le plus de conviction possible. Guillaume et Alexis sont injustement accusés. Il faut arriver à prouver leur innocence ! Tu sais qu'ils risquent le renvoi définitif du collège ?

Maman secoue la tête comme si elle voulait évacuer un cauchemar de ses pensées… Puis, d'un ton plein de reproches, elle réplique :

– Tu dois redescendre sur terre, Apolline… Tu parles de cette affaire comme s'il s'agissait de « l'affaire Dreyfus » ! Tes copains ne sont pas « accusés », comme tu as l'air de le dire… Les pions n'ont pas le pouvoir de décision dans un collège !

– Mais ils ont dit qu'Alexis et Guillaume allaient passer en conseil de discipline devant le Principal ! La prof de français nous l'a même confirmé !

– C'est vrai madame, ajoute Clémence qui s'est enfin décidée à revenir parmi nous.

Ma mère continue à secouer la tête. Décidément, ça devient un tic…

– Il est hors de question que j'aille « plaider votre affaire » ! Je n'ai pas à me mêler des problèmes internes de votre collège tout de même !

– Mais essaye un peu de comprendre ce que je t'explique, dis-je en m'énervant un petit peu. Je te demande juste de nous donner des idées pour défendre au mieux Guillaume et Alexis ! Je ne veux pas que tu enfiles ta robe d'avocat et que tu nous ramènes dare-dare au collège !

Guillaume et Alexis font mine de se lever, ils sont cramoisis.

– On est désolés de vous avoir dérangée, madame, s'excuse Guillaume.

Ma mère le regarde un instant, puis elle fronce légèrement les sourcils. Mon cœur s'arrête de battre quand je la vois dévisager Guillaume avec de plus en plus d'attention.

– C'est drôle, dit-elle. J'ai l'impression de te connaître. Quel est ton prénom déjà ?

– Guillaume Quinson, répond l'intéressé en essayant de sourire.

– Non, continue ma mère. Ton nom ne me dit rien, mais en revanche, tu as un visage qui m'est familier…

Clémence me fixe : elle a les yeux exorbités. Moi, je suis au bord de l'évanouissement. Maman a senti la même chose que moi. Elle a mis du temps, mais nous avons eu la même réaction. Je ne sais plus quoi dire, du coup. Je me mets à trembler encore plus fort.

– Quoi qu'il en soit, ajoute ma mère en oubliant Guillaume pour un instant, je pense que tu m'as fait revenir inutilement, Apolline, et je ne suis pas très contente ! Tu as tout simplement exagéré les faits ! Il n'y a pas péril en la demeure en ce qui concerne tes deux copains. Et même s'ils vont en conseil de discipline, il n'est pas difficile de trouver quelques témoins qui jureront qu'ils ont vu les quatrièmes leur voler les bombes de peinture ! Ce sera la parole de vrais « faux témoins » contre celle des deux menteurs de quatrième ! Le mensonge n'est pas joli-joli en soi, mais il peut être utilisé contre ceux qui s'en servent ! Bien sûr, ne me faites pas dire que je fais ce genre de choses au tribunal !

Maman sourit mais personne ne l'imite. On est tous bien trop concentrés sur ce qu'elle vient de nous énoncer.

– En fait, ajoute Guillaume, on doit trouver des personnes qui vont affirmer avoir vu le racket dont on a été victimes, et les utiliser pour témoigner en notre faveur.

– Voilà, conclut maman en remettant son manteau. Mais ça, j'aurais pu l'expliquer à Apolline par téléphone ! Tu me rappelles vraiment quelqu'un Guillaume… En fait, j'ai même le sentiment que je t'ai déjà vu…

Tremblante, je chuchote alors :

– Tu t'en vas ? Tu ne veux pas rester un peu discuter avec nous pour mettre au point une vraie stratégie de défense.

Je ne veux pas voir partir ma mère. Je souhaite qu'elle continue à observer Guillaume. La Vérité doit éclater enfin. Maintenant. Dans cette pièce…

– Écoute Apolline ! s'énerve maman. Arrête avec tes « stratégies de défense ». Le collège n'est pas une prison tout de même ! Le Principal n'est pas inhumain, il finira par comprendre qui sont les fautifs ! Cesse d'employer des grands mots !

– C'est la meilleure celle-là, dis-je en ricanant. C'est moi qui emploie des « grands mots » maintenant, alors que vous passez votre temps avec papa à me prendre la tête avec vos grands discours !

Personne ne respire plus dans la pièce. Guillaume et Alexis regardent leurs pieds sans bouger. Clémence se précipite de nouveau aux toilettes.

Je vois un éclair de colère passer dans le regard de maman. Elle se lève, lentement, et elle ne prononce pas un mot en me regardant. Elle ne peut pas comprendre que je fais exprès de la provoquer. Il faut qu'elle parle… Elle doit reconnaître à quel point Guillaume me ressemble ! Je veux qu'elle avoue la vérité sur ma naissance ! Les larmes se mettent à couler lentement le long de mes joues. Au bout de quelques secondes qui me semblent interminables, ma mère répond d'une voix glaciale :

– Je ne tolère pas que tu me parles sur ce ton, Apolline. J'ai été assez patiente pour aujourd'hui, je crois. On reparlera de tout ça ce soir.

– NON !

Ma voix semble résonner indéfiniment dans le salon. Les deux garçons sursautent et se lèvent précipitamment. Clémence arrive juste pour m'entendre crier :

– On en parle maintenant ! Ici ! Tout de suite ! Tu connais Guillaume et tu sais très bien pourquoi !

Ma mère est stupéfaite. Elle me regarde, muette.

– Apolline, bafouille Guillaume, je…

– Tais-toi, dis-je en pleurant à gros sanglots à présent. Toi aussi, tu as le droit de savoir que tu es mon frère !

Gaël rentre juste à ce moment-là en disant :

– *What's the matter here ?*

Je déteste l'anglais.

Chapitre 10
Clémence

Guillaume et Alexis sortent à l'instant du conseil de discipline, la prof principale les raccompagne vers la sortie. Je suis tapie derrière une porte dans le couloir. Personne ne peut me voir, à part Guillaume qui sait que j'attends depuis une bonne demi-heure. Il lève un pouce très discrètement, comme convenu. J'ai envie de sauter partout et d'embrasser ma prof de français ! Les deux garçons ont été « innocentés », comme dirait Apolline ! Madame d'Arçay avait raison : le Principal n'est pas inhumain ! Je respire un grand coup pour chasser toute l'angoisse que j'ai retenue. Je rejoins les deux garçons devant le collège.

– On s'est pris deux heures de colle pour notre bataille de la semaine dernière dans la cour, m'annonce Guillaume. Par contre, le Principal a dit qu'après avoir entendu nos deux témoins, il est persuadé que nous n'avons pas tagué le mur...

Je souris à Guillaume qui me fait le V de la victoire avec les deux doigts.

– Nos témoins ont été géniaux, continue Alexis, je ne sais pas où tu les as trouvés, Clémence, mais ils ont été super convaincants !

Mentalement, je remercie ma sœur aînée et son petit copain... Ce sont eux qui ont accepté de dire qu'ils avaient vu les deux quatrièmes voler les bombes de peinture. Comme ils sont aussi au collège, il a été facile de les introduire auprès des pions de la Vie Scolaire... L'affaire est ainsi remontée jusqu'au Principal.

– Finalement, crâne Alexis, la mère d'Apolline avait raison ! C'est pas si difficile que ça de prouver son innocence quand tu montes un dossier béton !

Je hausse les épaules. Alexis fait le malin, mais il ne se doute pas de la force de persuasion qu'il m'a fallu pour que ma sœur aînée accepte de jouer le jeu ! J'y ai laissé des plumes… Je lui dois un mois de service à la maison ! Jusqu'à Noël, je vais devoir vider le lave-vaisselle à sa place ! Tu parles comme c'est facile de monter un « dossier béton » !...

– En parlant d'Apolline, me dit Guillaume, qu'est-ce qu'elle a exactement ? Pourquoi elle ne vient plus en cours ? Ce n'est pas à cause de son histoire d'adoption quand même ?

Je soupire sans répondre. J'ai le cœur gros en pensant à elle. Je l'ai encore vue hier soir et je la trouve plutôt déprimée. Il faut dire qu'elle vient de vivre des moments d'une intensité rare…

– Elle a besoin de se reposer et de déconnecter du collège pendant une semaine, d'après le médecin. Et puis, elle commence une psychothérapie.

– Une quoi ? me demandent en chœur les deux garçons.

– Elle va voir un pédopsychiatre, un médecin, spécialiste des problèmes des enfants et des ados. Deux fois par semaine, elle lui parle et elle fait le point sur ses problèmes…

Alexis et Guillaume deviennent silencieux. Je

sais qu'ils repensent comme moi à la scène dont ils ont été témoins chez Apolline. Ce moment a été si horrible à vivre pour moi que je n'ose pas imaginer ce qu'a ressenti ma copine. Je la revois hurlant à Guillaume : « Tu as le droit de savoir que tu es mon frère. » Elle pleurait tellement que j'en avais le cœur tout chaviré…

– Apolline est un peu siphonnée quand même, dit Alexis au bout d'un moment. Aller imaginer des histoires aussi délirant…

Je ne lui laisse pas finir sa phrase, et je crie :

– Tais-toi ! Tu ne la connais pas ! Tu n'as pas le droit de la juger aussi vite !

Vexé, Alexis se tait. Il nous quitte d'ailleurs pour regagner sa rue. Guillaume et moi marchons en silence en direction du foyer.

– Avoue que ta copine a été un peu bizarre sur ce coup ! lance soudain Guillaume. Je ne comprends toujours pas comment elle a pu penser que j'étais son frère…

– Moi, je comprends, je crois… Elle était très mal dans sa peau, et quand tu es apparu, tu lui as permis d'oublier ses problèmes. Tu lui ressembles un peu, tu as des goûts en commun avec elle, et puis surtout, il se trouve que vous avez la même date d'anniversaire… Après, son imagination a fait le reste… Comme elle ne se sentait pas « d'Arçay », elle a eu envie de devenir quelqu'un d'autre ! Pourquoi pas ta sœur après tout ?

Je repense à la réaction de la mère d'Apolline lorsque sa fille lui a hurlé qu'elle savait qu'elle était adoptée. Madame d'Arçay a eu la mâchoire qui est carrément tombée pendant un court instant. Je la sentais tellement stupéfaite qu'elle ne savait plus quoi dire. Elle a bafouillé… J'avais envie de rentrer sous terre tellement j'étais mal ! Guillaume ne disait rien : il était tétanisé… Sous le choc, on peut dire !

– Je ne me suis jamais senti aussi mal à l'aise que ce jour-là, m'explique Guillaume. Je ne comprenais rien à ce que racontait Apolline avec son histoire de ressemblance, de photos à la naissance, d'yeux bleus au lieu de marron… J'ai bien cru que j'avais atterri chez les fous !

Je ris en écoutant Guillaume mais j'avoue que la semaine dernière, chez Apolline, j'étais décomposée. Pendant une bonne heure, madame d'Arçay a tenté de démontrer à sa fille qu'elle était bien sa fille ! C'était irréaliste ! Ma copine ne faisait que pleurer, et sa mère la serrait dans ses bras comme si elle allait la perdre. Toutes les « preuves d'adoption » qu'Apolline avait accumulées ont été réduites en cendres en quelques minutes. Mêmes les énigmes les plus mystérieuses ont trouvé une réponse plausible…

– Tu vois, dis-je à Guillaume, je ne savais pas qu'on pouvait avoir les yeux bleus avec des parents qui ont les yeux marron. Apolline était traumatisée de voir qu'elle était la seule à avoir des yeux clairs dans une famille « yeux foncés »… C'était un détail de plus qui lui faisait dire qu'elle venait d'ailleurs.

– C'est comme son histoire de photos ! continue Guillaume. C'est quand même fou que le père d'Apolline ait cassé son appareil photo la veille de la naissance de sa fille ! Il doit vraiment planer pour ne pas avoir pensé à acheter un appareil jetable !

– Je connais monsieur d'Arçay, il a toujours l'air dé-bor-dé. C'est tout à fait le genre de bonhomme à réagir seulement au bout de plusieurs semaines ! C'est d'ailleurs ce qu'il a fait puisqu'il s'est décidé à acheter un nouvel appareil photo quand sa fille avait deux mois ! Un détail plus un détail, plus un autre détail font une foule de choses qui ont entraîné Apolline à être persuadée de son adoption !

– Madame d'Arçay semblait malheureuse en tout cas. Je crois qu'elle a été super triste de voir que sa fille s'imaginait appartenir à une autre famille…

– Elle a eu un choc, c'est sûr. Mais justement, je me demande si ça n'a pas permis de faire un peu avancer les choses. Jusqu'à maintenant, Apolline était un peu « seule » chez elle. Maintenant, elle est super entourée ! Toute la semaine, ses parents et ses frères se sont relayés pour passer une journée auprès d'elle !

J'arrive devant le foyer à présent. Guillaume s'arrête, et après un instant d'hésitation, il me fait la bise sur les deux joues pour me dire au revoir. C'est la première fois que je sens son parfum d'aussi près et j'adore…

– J'ai compris maintenant pourquoi ta copine me posait autant de questions ! me dit-il. Tu sais, à la fin, je la trouvais un peu casse-pieds… Je…

Je n'ai jamais vraiment cru qu'elle était amoureuse de moi… Et puis même… Je… Euh…

Guillaume se remet à se dandiner comme un canard. Il rougit… Je suis contente parce mes joues commençaient aussi à se colorer.

– Rien, conclut-il. Je… Non, je ne sais plus ce que je voulais dire en fait…

Ça tombe bien parce que je me sentais très gênée. Je quitte Guillaume avec un dernier signe de la main. J'ai le cœur qui bat très vite. Je crois qu'il allait me dire quelque chose d'important. J'ai envie de faire des bonds dans la rue et de crier que je suis heureuse. Je sautille… Une main posée sur mon épaule me fait sursauter.

– Clémence, dit Guillaume (qui m'a couru après et qui m'a donc vue sauter en pleine rue comme une demeurée). J'aimerais bien qu'un jour tu viennes visiter mon foyer. Ça te dit ?

Si ça me dit ? J'explose de joie, mais c'est intérieur et je ne le montre pas. Je fais mon sourire de mannequin et je m'écrie :

– Bien sûr que ça me dit… Même dimanche !

Ma blague est complètement nulle, mais Guillaume rit comme s'il assistait à un super show télévisé. J'ai tellement de bonheur en moi que j'ai l'impression que ça déborde et que ça coule sur le trottoir. Mon futur mari regagne son foyer, et je rentre chez moi. Je vais aller faire des dessins de ma future robe de mariée parce que je crois que je suis en bonne voie…

J'adore les robes blanches !

Chapitre 11
Apolline

J'ai jeté un méchant froid ce soir pendant le repas… Papa en a lâché sa fourchette. Il faut dire que j'ai mis le paquet…

– Je crois que je ne vais plus aller au collège, ai-je dit tranquillement avant d'attaquer mon assiette.

Tout le monde s'est arrêté de manger. Depuis trois semaines, dès que je parle, mes parents et mes frères cessent toute activité… C'est le monde à l'envers !

– Tu plaisantes ? a dit papa avec un sourire qui ressemblait étrangement à une grimace.

– Non. Je ne veux plus aller dans ce collège.

– Ah… a renchéri maman que j'ai sentie soulagée, tu parles de changer d'établissement ? C'est ça ma chérie ?

– Oui, ai-je acquiescé. Mon psychologue m'a parlé d'un collège qui serait vraiment adapté à mon cas…

– Ton cas, ton cas… a continué mon père en fronçant les sourcils. Tu n'es tout de même pas « un cas » ma fille !

– Le docteur Féraud n'a peut-être pas dit ce mot, dis-je pour le rassurer. Mais il m'a bien expliqué qu'une scolarité « normale » dans un collège « normal » ne me convenait pas…

Maman me regarde avec un peu d'angoisse. Je sais qu'elle est très nerveuse depuis l'épisode « adoption » du mois dernier.

– En fait, d'après le psy, j'ai un Q.I. très supérieur à la moyenne… D'ailleurs il veut vous voir absolument pour vous parler de tout ça. J'ai oublié de vous le dire en rentrant ce soir…

Je finis mon assiette en les regardant et je savoure ce moment de bonheur. Je n'ai absolument pas « oublié » de parler de mon entretien avec le psy. J'ai fait exprès d'attendre le repas pour annoncer à toute ma famille en même temps que j'appartiens à leur clan ! Je ne suis pas une cancresse ! Le docteur me l'a bien confirmé ! Je fais partie des supers cracks même si mes résultats scolaires disent le contraire !

– Apolline, finit par chuchoter papa. Qu'est-ce que le psy t'a dit e-xac-te-ment ?

– Il m'a dit qu'il voulait vous voir. D'après lui, je ne suis pas faite pour suivre un circuit scolaire « classique »... Il m'a même expliqué qu'il arrivait que des enfants très intelligents aient des moyennes déplorables dans les collèges traditionnels. Je suis l'un de ces cas d'après ce que j'ai compris... J'ai un cerveau super plein, mais je n'arrive pas à « m'adapter au système scolaire » ! Ce sont e-xac-te-ment ses mots !

Papa et maman ne disent plus rien.

– Donc, il m'a parlé d'un collège dans lequel travaillent des enfants un peu comme moi... Mais il est loin d'ici. Il faudrait que je devienne pensionnaire en fait !

Tout le monde me regarde et je baisse les yeux. J'ai voulu prendre un air détaché, mais je sens que l'émotion est en train de m'envahir. Je pleure très facilement depuis quelques semaines.

D'après le psy, c'est un très bon signe : je suis en train d'évacuer toute la tristesse que j'ai accumulée…

– Tu te sentirais capable de quitter Clémence ? me demande Gaël l'air étonné.

– Et ton nouveau copain ? Celui que tu as pris pour…

Étienne ne finit pas sa phrase. Il y a des mots qu'on évite de prononcer à la maison comme « adoption », « jumeau » ou « Guillaume ». On en a tellement parlé pendant plusieurs jours que personne n'a envie de relancer le débat…

Dans un souffle, je chuchote :

– Je n'ai absolument pas envie de les quitter. Je n'ai pas non plus envie de vous quitter… Mais… Je crois que je dois le faire. Il faut que je m'éloigne d'ici pour grandir. Vous avez bien vu comment j'ai réagi ces dernières semaines ? Je suis trop mal dans ma peau.

Maman me caresse la joue tout doucement. Papa ne peut s'empêcher de caser l'une de ses grandes phrases :

– Aide-toi, me dit-il, et le ciel t'aidera, ma fille…

Mes deux frères se mettent à me donner des tas

de conseils sur les internats… Je ne les écoute plus. Je regarde ma famille avec attention. C'est la première fois que je me sens aussi proche d'eux ! Il m'a fallu passer par des moments terribles pour en arriver là…

Je pense souvent à l'après-midi où Guillaume et Alexis sont venus à la maison. C'est l'épisode le plus terrible de ma courte vie. J'avais fini par me persuader de mon adoption… Maman a eu toutes les peines du monde à me démontrer le contraire. Papa a dû prendre le relais dans la soirée. Je campais sur mes positions, je pleurais, je ne voulais rien entendre… Point par point, toutes mes soi-disant « preuves d'adoption » ont été balayées. Maman a même tenu à me montrer le livret de famille que je n'avais jamais vu, et qui établit clairement ma filiation de père et de mère d'Arçay. J'ai mis du temps à me remettre de ces événements. Pendant une semaine, j'ai été exemptée de collège ! C'est à ce moment-là que j'ai démarré une psychothérapie. Ma famille a tout fait pour me soutenir. Je suis devenue du jour au lendemain le centre d'intérêt principal ! Maman rentrait plus tôt, papa a pris deux après-midi pour rester avec moi. Étienne m'a présenté sa petite copine. Gaël n'a pas dit un mot d'anglais pendant quinze jours à la maison pour me faire plaisir ! Mon épisode « adoption » a marqué tous les esprits. Mes parents et mes frères ont réalisé à quel point j'étais mal dans ma peau pour penser de telles choses… On a passé de très longs moments à discuter de mes problèmes et de mes doutes. Je pense qu'ils ont enfin découvert la vraie Apolline, celle qu'ils ne connaissaient pas ! Il leur a fallu du temps à eux aussi mais on a fini par se rejoindre un peu quand même…

– Tu es bien songeuse, me dit soudain maman. Je vais aller voir le docteur Féraud demain. Il faut absolument que je parle avec lui de ce collège où tu souhaites aller. Je sortirai plus tôt du palais et je viendrai te chercher au collège. Ça te va ?

Pendant une bonne heure, je reste à table avec mes parents. Nous discutons de mon avenir. Papa va chercher une carte pour localiser la ville de mon futur établissement. Mes parents s'agitent beaucoup, ils font de grands gestes. Je les connais suffisamment pour savoir qu'ils cachent leur émotion en faisant du bruit. Ma volonté de partir les peine, je le sais. Mais je sais aussi que j'ai besoin de m'éloigner pour mieux leur revenir…

En revanche, j'ai terriblement peur de la réaction de Clémence. Je suis certaine qu'elle ne pourra pas me comprendre. Avec son caractère entier, je la vois déjà me dire : « Tu es ma meilleure copine, et tu t'enfuis à l'autre bout du département au moindre petit problème ? » Elle est capable de ne plus vouloir me parler. J'ai une boule dans la gorge en pensant à tout ça. Quitter Guillaume va aussi me faire de la peine. Je me suis vraiment attachée à ce garçon. On arrive même à plaisanter maintenant tous les deux sur l'épisode « je suis ta sœur, tu es mon frère ». J'ai pu un peu lui expliquer mon comportement à son égard…

– Je ne trouve pas qu'on se ressemble tant que ça ! m'a-t-il dit un jour où nous parlions de ma « crise jumeau ». Tu t'es attachée à des détails !

– On a les mêmes yeux et les mêmes cheveux quand même ! Tu ne peux pas dire le contraire !

– C'est bien peu pour des jumeaux non ? s'est moqué Guillaume.

– Grâce à notre date de naissance commune,

nous sommes des « jumeaux cosmiques », lui ai-je dit. C'est bien pire que frère et sœur !

Clémence a pouffé, et elle s'est rapprochée de son chéri. Leur histoire d'amour est d'ailleurs « en voie de démarrage », comme le dit ma copine. C'est ce qui me rassure un peu si je m'en vais. Je ne laisse pas Clémence seule dans la classe : elle a quand même son futur mari…

– Apolline, me dit soudain maman, me tirant de ma rêverie. Tu es bien sûre d'avoir pris ta décision en ce qui concerne ce nouveau collège ? Tu ne veux pas plutôt finir ton année scolaire avec nous pour te donner le temps de réfléchir ?

– Ta mère a raison, renchérit papa. Ce serait peut-être bien que tu…

Je ne leur laisse pas le temps de me convaincre. J'ai pris ma décision dans le bureau du docteur Féraud, il y a quelques heures. Lorsqu'il m'a annoncé que mon Q.I. était largement supérieur à la normale, il m'a donné le courage qui me manquait ! Je veux repartir sur un bon pied et ce n'est pas en restant dans le collège de mes échecs que je réussirai quoi que ce soit ! Je suis une d'Arçay, une vraie, une pure et dure, avec son cerveau super plein, et son caractère super compliqué… Je suis la fille de mes parents, et la sœur de mes deux frères, je n'en doute plus. Mais il faut que je m'envole un peu. Je dois aller respirer un autre oxygène, un air qui me rendra encore plus forte.

– « Qui ne risque rien n'a rien », papa… Tu me l'as souvent dit !

Mon père sourit tristement.

– Je suis très fort pour faire de beaux discours, c'est vrai… Est-ce que je t'ai seulement dit que je t'aimais Apolline ?

Je ne réponds rien. Je ne suis pas en état. Demain, il faudra que je dise au psy que j'ai encore pleuré. Je n'arrête pas « d'évacuer ma tristesse », comme il dit ! Maman me serre contre elle, et je me réfugie dans ses bras, comme quand j'avais trois ans.

J'en ai douze, et je vais bientôt partir.

J'adore le parfum de ma mère…

Chapitre 12
Guillaume

Demain, je retourne au collège !

C'est fou comme cette année je n'ai pas vu passer les vacances de Noël. Dans mon ancien foyer, je tournais en rond pendant quinze jours malgré les efforts des éducateurs pour rendre les journées plus festives. Au foyer des Lilas, l'ambiance est différente. D'abord, la moyenne d'âge est plus élevée, donc je discute beaucoup plus avec les autres. Je me suis même fait un vrai pote qui ne rentre pas dans sa famille à Noël, comme moi. Alexis est venu me voir aussi.

Et puis il y a Clémence…

C'est elle qui a rendu ces fêtes plus belles… Je l'ai vue pendant les vacances…

Je revois encore sa tête lorsqu'elle est arrivée au foyer il y a quinze jours…

– Apolline s'en va, bégayait-elle tout en pleurant. Elle me laisse tomber !

J'avais du mal à comprendre ce qu'elle disait. Elle sanglotait tellement que j'ai dû la serrer contre moi pour la calmer. Mon cœur battait si fort que j'avais peur qu'elle l'entende. J'attendais depuis plus d'un mois le moment où j'allais enfin prendre Clémence dans mes bras. Mais rien ne s'est passé comme je l'avais prévu, elle était bien trop triste pour réaliser que j'étais fou amoureux d'elle…

– Apolline va aller dans un collège pour « surdoués », m'a expliqué Clémence lorsqu'elle a enfin réussi à se calmer. Son psy lui a fait passer des tests, et elle a un Q.I. qui fait exploser le plafond !

– Ah bon ? ai-je dit surpris. Mais pourquoi ses notes sont aussi nulles que les miennes ?

– Il paraît que ça arrive, a continué Clémence. Il y a des élèves super doués qui n'arrivent jamais à montrer leurs capacités. C'est pour ça qu'il existe des écoles faites pour les enfants très très très intelligents.

Je suis resté sans voix. Clémence reniflait, elle

était tellement bouleversée…

– Apolline ne veut plus rester dans ce collège. Elle m'a expliqué qu'elle avait besoin de recommencer autre chose, ailleurs. Son nouveau collège est à l'autre bout du département… Elle va être pensionnaire, et on ne se verra pl…

Clémence n'a pas pu finir sa phrase, elle s'est remise à pleurer. J'ai passé une bonne partie de l'après-midi à essayer de la consoler. Je lui ai parlé des lettres qu'elle pourrait écrire à sa copine, des coups de téléphone qu'elles pourraient échanger, des vacances qui les rapprocheraient encore plus.

– Tu ne peux pas comprendre, me disait-elle. Apolline, c'est un peu comme ma sœur, en mieux. La quitter, c'est comme m'arracher un bras. C'est exactement ça.

Je n'ai pas pu faire grand-chose pour apaiser son chagrin ce jour-là. Je n'ai pas revu Clémence pendant trois jours. Je sais qu'elle voulait passer le maximum de temps avec sa copine. À la fin de la première semaine de vacances, elles sont venues me rendre visite toutes les deux au foyer, la maman d'Apolline les accompagnait ! Je me suis fait chambrer par mon éducateur qui m'a dit que j'avais bien de la chance d'avoir autant de visites féminines…

– Je viens te dire au revoir, m'a expliqué Apolline d'une toute petite voix.

Vu sa tête, elle avait dû pleurer une bonne partie de la journée…

– Je pars passer les fêtes de Noël à Rouen et je ne reviendrai pas. Mes parents ont pris contact avec mon nouveau collège : il faut que je sois là-bas avant la rentrée pour préparer un peu mon séjour en internat.

– C'est notre dernier jour ensemble, a renchéri Clémence d'une voix chevrotante.

– Eh ben les filles, je ne sais pas trop quoi vous dire… ai-je bégayé. Je suis triste moi aussi que tu partes, Apolline. Je… Tu étais une fille super chouette. Tu m'avais vraiment bien accueilli dans le collège, et…

– Ne parle pas à l'imparfait quand même, m'a coupé Clémence en colère. Apolline est encore vivante !

Je me suis senti bête. Je ne savais plus quoi dire à part que j'étais désolé… Madame d'Arçay m'a tiré d'embarras en me posant une question :

– Est-ce que tu es déjà allé au tribunal pour enfants de Sens, Guillaume ?

– Oui, assez souvent même, avant que j'entre au foyer des Lilas. Chaque année, ma mère demande à récupérer ma garde qui lui a été enlevée quand j'étais bébé. Alors je passe devant un juge pour enfants… J'y vais avec un éducateur parce que le juge veut avoir mon avis, même si c'est lui qui prend la décision. À chaque fois, je suis resté au foyer. Je crois que je préfère ça. Maman n'est pas en état de s'occuper de moi…

Les filles m'ont regardé avec plein de larmes dans les yeux. Elles étaient déjà tristes, mais mon histoire ne les a pas rendues plus gaies…

– C'est là-bas que je t'ai vu, Guillaume, a dit tout doucement la mère d'Apolline. J'ai travaillé pendant trois ans au tribunal pour enfants de Sens. J'ai dû te croiser plusieurs fois dans les couloirs même si je n'ai jamais traité personnellement ton cas. Je voulais en avoir le cœur net, parce que depuis que je t'ai rencontré, j'avais le sentiment d'avoir déjà vu ton visage quelque part… J'ai eu la révélation ces derniers jours !

– Par contre, moi, a renchéri Apolline, je n'ai

jamais pu expliquer pourquoi j'avais l'impression de te connaître.

– Tu l'as dit toi-même l'autre jour, l'ai-je interrompue. On est des jumeaux cosmiques… On s'est sûrement rencontrés un jour, dans l'espace intergalactique.

Apolline a ri. J'ai serré ma « sœur cosmique » dans mes bras et j'en ai profité pour serrer encore plus fort Clémence contre moi. Je les ai regardées s'éloigner bras dessus, bras dessous, et j'avoue avoir été un peu ému parce que je savais que c'était l'une des dernières fois où je les voyais aussi liées…

Apolline est partie le lendemain matin, et je n'ai pas revu Clémence pendant une semaine. Et puis avant-hier, elle m'a téléphoné… Elle m'a invité chez elle ! J'ai passé trois heures à choisir la tenue qui pourrait lui plaire. J'étais super nerveux en arrivant devant sa maison. Je ne savais pas dans quel état j'allais la retrouver.

– Salut Guillaume, a-t-elle dit en ouvrant la porte. Viens que je te présente !

J'ai alors fait connaissance avec la famille de Clémence. Sa sœur aînée m'a salué avec un grand sourire…

– T'as encore besoin de moi pour un faux témoignage ? m'a-t-elle demandé.

Clémence m'a entraîné dans sa chambre. Elle m'a semblé bien moins triste que la dernière fois que je l'avais vue. Comme je lui en faisais la remarque, elle m'a expliqué :

– Je suis partie à la montagne avec ma famille. Là-bas, j'ai réussi à arrêter de pleurer ! Depuis, j'apprends à vivre sans ma copine, tout doucement… Mes parents sont compréhensifs, ils m'accordent un quart d'heure de téléphone par jour. J'appelle Apolline tous les soirs, et on se raconte tout ! Elle a intégré son nouveau collège. Elle m'a dit qu'il y avait quelques filles plutôt gentilles. Pour l'instant, elle va bien.

– Et toi, ça va vraiment-vraiment ?

– Ça va, je t'assure. Je me dis que le temps passe vite et qu'aux vacances, je reverrai Apolline. Ce sera super ! J'essaye d'être positive !

– Et puis, tu n'es pas toute seule, lui ai-je fait remarquer. Il y a plein de gens sympas dans la classe…

– Oui, c'est sûr, a confirmé Clémence. Il y a… toi déjà.

– Oui, c'est vrai, il y a moi, ai-je dit en ricanant bêtement.

Comme le silence se faisait, j'ai pris mon courage à deux mains et j'ai enfin osé lui avouer :

– Tu m'as manqué pendant cette semaine, j'ai beaucoup pensé à toi.

Je suis devenu rouge, mais j'ai continué à regarder Clémence dans les yeux.

– Toi aussi tu m'as manqué, m'a-t-elle dit en soutenant mon regard. Tu es le garçon que je préfère dans la classe.

J'avais envie de sauter sur le lit et de faire des triples saltos vrillés. Je me suis contenté de prendre la main de Clémence : elle a la peau douce… Sa petite sœur est venue nous chercher à ce moment-là pour le goûter…

J'ai revu Clémence ce matin. On s'est donné rendez-vous devant le collège. Elle avait mis sa super minijupe noire que j'adore. On s'est baladé pendant une heure. On n'a pas arrêté une seconde de parler. Je ne rougis plus en face d'elle à présent !

On a plein de projets tous les deux.

Je crois que j'aime cette fille !

D'ailleurs, j'ai réussi à le lui dire.

Après, on a dessiné un cœur avec nos deux prénoms sur le mur derrière l'abribus.

C'est notre secret à tous les deux.

J'adore être amoureux…

La collec' des filles

À déccouvrir dans la même collection

Illustrations d'Aline Bureau

Chapitre 1
L'inconnu

Christo fut engagé dans le cirque un mois avant la mort du père de Clara Summerville.

Il avait dix-sept ans. Son visage au teint mat et aux grands yeux noirs ressemblait à celui d'un jeune dieu. Ce fut la comparaison qui vint à l'esprit de la jeune fille quand elle le vit pour la première fois lors de l'entretien d'embauche. Il possédait une silhouette longiligne et une grâce innée. Quand il se déplaçait, on aurait dit qu'il dansait sur un fil. Elle tomba immédiatement sous son charme.

Elle avait seize ans. Élevée dans le petit cirque créé par ses parents, elle était rousse, athlétique, la taille mince et de longues jambes fuselées qu'elle savait mettre en valeur dans ses maillots de trapéziste. Les Summerville accordaient toujours beaucoup d'importance à l'avis de leur fille quand il s'agissait d'employer de nouveaux artistes. C'est pour cette raison qu'elle était présente.

Christo se tenait aux côtés de son oncle, un Cubain nommé Fernando. Le garçon baissait la tête d'un air gêné tandis que Clara le dévorait des yeux, espérant qu'il la regarde et lui sourit.

– Mon neveu est contorsionniste, précisa Fernando. Il exécute son numéro avec Kim.

L'homme désigna un panier d'osier que Christo avait posé à ses pieds.

Quel animal se tenait dans ce panier ? Christo ôta le couvercle. Son complice se déplia. C'était un serpent de trois mètres de long !

Fascinée par les gestes doux avec lesquels Christo manipulait le reptile, Clara sentit son cœur battre à toute vitesse. Que se passait-il en elle pour qu'elle soit aussi troublée ? Quel pouvoir possédait ce garçon pour dompter cette horrible bête ? Le jeune homme devait être exceptionnel. Jamais Clara n'avait éprouvé un tel sentiment.

Les Summerville demandèrent à Fernando et à son neveu de leur faire une démonstration. Fernando, un illusionniste qui avait travaillé dans un cirque de Cuba, exécuta quelques tours habiles. Quant à Christo, il se plia en arrière puis posa ses pieds sur ses épaules, et ceci sans même un seul échauffement. C'était vraiment impressionnant ! Clara en eut le souffle coupé. Ses parents engagèrent immédiatement les deux hommes.

Et c'est ainsi que Christo entra dans sa vie…

Alors que Fernando discutait avec ses parents, Clara se débrouilla pour aborder Christo. Il venait de remettre le serpent dans son panier et attendait tranquillement près de la porte.

– Je suis très heureuse de faire ta connaissance, dit-elle en lui tendant la main.

Le garçon se raidit. Elle lui sourit et attendit.

– Merci, murmura-t-il.

– Et je suis très contente que tu fasses maintenant partie de notre cirque.

Il regarda la main tendue. Au prix d'un violent effort, il la prit délicatement et la serra.

La collec' des filles

Roseline au top !

Michel Amelin

Mon année avec des garçons impossibles

Michel Amelin

La Plus belle lettre d'amour

Geneviève Senger

Comment séduire un garçon en 10 leçons

Béatrice Rouer

Charmant capitaine

Michel Amelin

La Réparatrice des p'tits cœurs brisés

Gudule

Photographe du cœur

Michel Amelin

Rêves de star **Un baiser de cinéma !**

Béatrice Rouer

Un garçon nommé Jardin Secret

Marie Mélisou

Trois sœurs dans un appartement
Lola - Tome 1
Marylou - Tome 2
Alice - Tome 3

Geneviève Senger

L'amour au galop

Michel Amelin

Mon cœur bric-à-brac

Michel Amelin

La collec' des filles

Rêves de star

La pub aux œufs d'or

Elsa Devernois

Mon cœur fait poum poum pour le DJ

Michel Amelin

Les Zaripoteuses

Gudule

L'alphabet de l'amour

Marc Séassau

Le Prince des dauphins

Michel Amelin

Balade d'été

Catherine Ganz-Muller

Cœurs acrobates

Michel Amelin

Rêves de star

Le sosie de Suzy

Béatrice Rouer

Sucré défense

Laurence Bouvard

Le garçon à la moto...

Michel Amelin

Recherche toi désespérément

Sophie Rigal-Goulard

Rêves de star

La Star du Clip

Michel Amelin

ISBN 978-2-244-44225-9
www.editionslito.com

Lito
41, rue de Verdun 94500 Champigny-sur-Marne
Imprimé en UE
Loi n° 49-956 du 16 juillet 1949 sur les publications destinées à la jeunesse
Dépôt légal : juin 2007

Tu as terminé les aventures d'Apolline ?
Découpe maintenant le bracelet chance
de ce livre et noue-le à ton poignet
en faisant un voeu.
Il suffit que ton bracelet magique
se détache pour que ton souhait se réalise